Barbara E. Weißenberger, Rolf Uwe Fülbier und Monika K. Mages
IFRS – Kaufpreisallokation und Goodwill-Impairment

Herausgeber der Schriftenreihe: Prof. Dr. Dr. h.c. Jürgen Weber

Professor Dr. Dr. h.c. Jürgen Weber lehrt Controlling an der WHU – Otto Beisheim School of Management in Vallendar. Seine Devise ist: »Nichts ist so gut für die Praxis wie eine gute Theorie.« Jürgen Weber ist Herausgeber der *Zeitschrift für Controlling & Management*. Er ist Autor vieler Bücher, z. B. *Einführung in das Controlling*, und darüber hinaus einer der Gründungspartner der Managementberatung CTcon.

Professor Dr. Barbara E. Weißenberger ist Inhaberin der Professur für Industrielles Management und Controlling der Universität Gießen. Die Forderung Eugen Schmalenbachs »was man messen kann, soll man messen; was man nicht messen kann, soll man messbar machen« kennzeichnet ihre anwendungsorientierte Lehre und Forschung. In deren Mittelpunkt steht die Schnittstelle zwischen IFRS-Rechnungslegung und Controlling.

Steuerberater Professor Dr. Rolf Uwe Fülbier ist Inhaber des Lehrstuhls für Externes Rechnungswesen an der WHU – Otto Beisheim School of Management in Vallendar. Seit Jahren forscht er intensiv auf dem Gebiet der Internationalen Rechnungslegung (IFRS, US-GAAP), hat zahlreiche nationale und internationale Veröffentlichungen auf diesem Gebiet und ist in diversen Arbeitskreisen (zum Beispiel Immaterielle Werte im Rechnungswesen der Schmalenbach-Gesellschaft, EFRAG-PAAinE-Initiative zum Conceptual Framework) engagiert.

Diplom-Kauffrau Monika K. Mages ist wissenschaftliche Mitarbeiterin und Doktorandin am Lehrstuhl für Externes Rechnungswesen der WHU – Otto Beisheim School of Management in Vallendar. Ihre Forschungsschwerpunkte liegen in der Anwendung der IFRS in mittelständischen Unternehmen, insbesondere Personengesellschaften, sowie in der Integration von externem und internem Rechnungswesen.

Weitere Informationen zu den Autoren finden Sie auch unter wiwi.uni-giessen.de/controlling bzw. www.whu.edu/accounting.

Barbara E. Weißenberger, Rolf Uwe Fülbier und
Monika K. Mages

Herausgeber der Schriftenreihe:
Prof. Dr. Dr. h.c. Jürgen Weber

IFRS – Kaufpreisallokation und Goodwill-Impairment

Herausforderung für das Controlling

Advanced Controlling, Band 61

WILEY-VCH Verlag GmbH & Co. KGaA

1. Auflage 2008

**Bibliografische Information
der Deutschen Nationalbibliothek**
Die Deutsche Nationalbibliothek verzeichnet diese Publikation in der Deutschen Nationalbibliografie; detaillierte bibliografische Daten sind im Internet über http://dnb.d-nb.de abrufbar.

Alle Bücher von Wiley-VCH werden sorgfältig erarbeitet. Dennoch übernehmen Autoren, Herausgeber und Verlag in keinem Fall, einschließlich des vorliegenden Werkes, für die Richtigkeit von Angaben, Hinweisen und Ratschlägen sowie für eventuelle Druckfehler irgendeine Haftung.

© 2008 WILEY-VCH Verlag GmbH & Co. KGaA, Weinheim

Alle Rechte, insbesondere die der Übersetzung in andere Sprachen, vorbehalten. Kein Teil dieses Buches darf ohne schriftliche Genehmigung des Verlages in irgendeiner Form – durch Fotokopie, Mikroverfilmung oder irgendein anderes Verfahren – reproduziert oder in eine von Maschinen, insbesondere von Datenverarbeitungsmaschinen, verwendbare Sprache übertragen oder übersetzt werden. Die Wiedergabe von Warenbezeichnungen, Handelsnamen oder sonstigen Kennzeichen in diesem Buch berechtigt nicht zu der Annahme, dass diese von jedermann frei benutzt werden dürfen. Vielmehr kann es sich auch dann um eingetragene Warenzeichen oder sonstige gesetzlich geschützte Kennzeichen handeln, wenn sie nicht eigens als solche markiert sind.

Gedruckt auf säurefreiem Papier.

Satz   Kühn & Weyh, Freiburg
Druck und Bindung   Ebner & Spiegel GmbH, Ulm
Umschlaggestaltung   init GmbH, Bielefeld
ISBN: 978-3-527-50340-7

Inhalt

Vorwort der Autoren 7

1 **Neuausrichtung des Controllings unter IFRS** 9
   Statt einer Einführung 9
   Controlling im Spannungsfeld von Konvergenz und Compliance 10
   IFRS – das Rechnungslegungssystem der Zukunft 12

2 **Auswirkungen der IFRS auf das Controlling: ein Blick in die Tiefe** 17
   Internationalisierung der Finanzberichterstattung 17
   Controlling als Informationsdienstleister der Bilanzierung – einige Beispiele 19
   Rückwirkung auf das Controlling und die interne Informationsgenerierung 22
   Praxisbericht aus dem E.ON-Konzern: Konvergenz und Compliance im Controlling unter IFRS 24

3 **Bilanzierung von Unternehmenserwerben nach IFRS 3 und IAS 36** 29
   Formen der Unternehmenszusammenschlüsse und Erwerberidentifikation 29
   Grundgedanke der Konzernrechnungslegung und der Erwerbsmethode 32
   Kaufpreisallokation (»purchase price allocation«, PPA) 34
   Goodwill-Interpretation 37
   Kapitalkonsolidierung unter Berücksichtigung von Minderheiten 39
   Folgebehandlung des Goodwills: Impairment-only-approach 43

4 **Kaufpreisallokation und Controlling immaterieller Werte** 49
   Zur Bedeutung immaterieller Werte in der Kaufpreisallokation 49
   Definition und Systematisierung immaterieller Werte 50
   Bewertung immaterieller Werte 54
   Ermessenspotenziale im Rahmen der Kaufpreisallokation 57
   Berichterstattung über immaterielle Werte 58
   Steuerung und Controlling immaterieller Werte 59

5 **Goodwill-Controlling als eigenständiges Controllingfeld** 65
   Goodwill-Controlling im Akquisitionsprozess 65
   Unterstützung des Goodwill-Impairment-Tests durch das Controlling 67
   Goodwill-Kennzahlen im Controlling 72

Institutionelle Aspekte der Kooperation von Controllerbereich und Bilanzierung für Zwecke des Goodwill-Controllings 77
Empirische Erkenntnisse zur Zusammenarbeit von Controllern und Bilanzierern 78

6 Zusammenfassung und Ausblick 83

7 Literaturverzeichnis 85

8 Stichwortverzeichnis 89

In eigener Sache 91

Vorwort der Autoren

Kaum eine betriebswirtschaftliche Disziplin unterliegt derzeit einem stärkeren Wandel und gleichzeitig einem größeren Bedeutungszuwachs als das Rechnungswesen. In der externen Finanzberichterstattung ist gar von einem »Paradigmenwechsel« oder einer »Revolution« die Rede. Diente die Bilanz früher vornehmlich der steuerlichen Gewinnermittlung oder Dividendenbemessung, so werden die Rechenwerke im Jahresabschluss heute mit Kapitalmarktinformation, Investor Relations, Senkung der Kapitalkosten oder wertorientierter Steuerung assoziiert. Durch die Globalisierung der Kapitalmärkte hat insbesondere die praktische Relevanz der internationalen Rechnungslegung dramatisch zugenommen, hinter der sich vor allem die so genannten IFRS (International Financial Reporting Standards) verbergen. Dieses hochkomplexe Regelwerk, das die Bilanzierungspraxis vieler deutscher Unternehmen zunehmend bestimmt, fordert an vielen Stellen den Rückgriff auf interne Daten (»management approach«). Damit wird jedoch eine intensive Zusammenarbeit zwischen Bilanzierung und dem Controlling unabdingbar. Genauso, wie sich Bilanzierer oder Wirtschaftsprüfer zunehmend in der Welt des Rechnungswesens und Controllings zurechtfinden müssen, werden auch die Controller immer stärker mit Aspekten der externen Berichterstattung konfrontiert und müssen sich dieser neuen Herausforderung gewahr sein, denn: Eine Umkehr dieser Entwicklung ist auf lange Sicht hin unwahrscheinlich.

Mit dem vorliegenden Advanced Controlling-Band wollen wir einen Aspekt dieser Entwicklung herausgreifen und näher beleuchten, der in der Unternehmenspraxis derzeit sehr intensiv diskutiert wird, nämlich die IFRS-konforme Abbildung von Unternehmensakquisitionen und ihre Auswirkungen auf das Controlling.

Die aktuell hohe Zahl der Unternehmenstransaktionen lässt – trotz des meist weniger spektakulären Charakters verglichen mit den »Mega-Mergern« zum Beispiel zwischen Mannesmann und Vodafone oder Daimler und Chrysler noch vor einigen Jahren – an der (weiterhin) hohen Bedeutung des externen Unternehmenswachstums zur Abschöpfung existierender Wertsteigerungspotenziale überhaupt keinen Zweifel. Gleichzeitig stellt die Abbildung dieser Transaktionen im IFRS-Abschluss die Experten in Bilanzierung und Wirtschaftsprüfung, aber auch im Controlling vor umfangreiche und schwierig zu lösende Detailprobleme, weil es (noch) an der gemeinhin akzeptierten »best practice« mangelt und das IASB (International Accounting Standards Board) -Projekt »Business Combinations«, das noch offene Fragen regeln soll, auch noch gar nicht abgeschlossen ist. Die hier insbesondere bedeutsamen Standards IFRS 3 (Business Combinations) und IAS 36 (Impairment of Assets) stellen dabei Paradebeispiele für solche IFRS dar, die direkt und unmittelbar das interne Rechnungswesen berühren, so dass die Controller in den Unternehmen in diese Diskussion bereits involviert sind. Diese Diskussion zu begleiten und zu bereichern, ist Ziel dieses Bandes. Dabei gehen wir in drei Schritten vor.

In den ersten drei Kapiteln behandeln wir zunächst grundlegend die Verzahnung zwischen IFRS-Rechnungslegung und Controlling sowie die für diese Frage bedeutsamen Regelungsinhalte der IFRS 3 und IAS 36.

Im zweiten Schritt greifen wir in Kapitel 4 die Kaufpreisallokation (»purchase price allocation« oder kurz PPA) heraus, die bei der erstmaligen Aufnahme eines neu erworbenen Unternehmens in die Konzernbilanz durchgeführt werden muss. Weil IFRS 3 hier umfangreiche Vorschriften zur Identifizierung und Bewertung immaterieller Vermögenswerte enthält, ist die Unterstützung der Bilanzierung durch das Controlling bereits an dieser Stelle unabdingbar.

Im letzten Schritt geht es in Kapitel 5 um die Folgebewertung des Goodwills, der grundsätzlich einem jährlichen Niederstwerttest (»Impairment-Test«) unterworfen werden muss. Da der Goodwill bei extern wachsenden Konzernen häufig einen bedeutsamen Teil des Vermögens repräsentiert, ist nicht nur die adäquate Durchführung dieses Impairment-Tests, sondern auch eine bewusste Steuerung der vorhandenen Goodwill-Potenziale durch ein Goodwill-Controlling zu unterstützen.

Wir wünschen allen Lesern dieses Bandes – Controllern, aber auch Bilanzierern und Wirtschaftsprüfern – eine gewinnbringende Lektüre.

Gießen und Vallendar im Oktober 2007

Barbara E. Weißenberger
Rolf Uwe Fülbier
Monika K. Mages

1 Neuausrichtung des Controllings unter IFRS

Statt einer Einführung

Donnerstagabend, 18.00 Uhr. Schwungvoll setzt Diplom-Ingenieur Martin Müller, Vorstandsvorsitzender der Maschinenbau AG, seine Unterschrift unter den Kaufvertrag für die KeraChem GmbH. »So«, meint er zufrieden zu Tom Thaler, dem Leiter Bilanzierung, »das wäre geschafft. Mit dieser Akquisition haben wir einen wichtigen Meilenstein in unserer Wachstumsstrategie erfolgreich realisiert. Wann können Sie mir auf Basis der genauen Zahlen der KeraChem die Erstkonsolidierung vorlegen? Und wen brauchen Sie in Ihrem Team? Ich hätte gerne die Zahlen so schnell wie möglich, um auf unserer nächsten Aufsichtsratssitzung in zwei Wochen auskunftsfähig zu sein.«

»Zwei Wochen ...«, überlegt Tom Thaler, »ja, das ist zu schaffen. Aber dazu brauchen wir auf jeden Fall jemanden aus dem Controlling im Team.« »Warum denn das?«, fragt Müller irritiert. »Kriegen Sie das nicht mehr alleine hin? Die Controller brauchen wir doch erst in der nächsten Planungsrunde. Für die Aufsichtsratssitzung reicht mir die Grobplanung, die wir in der Due Diligence erstellt haben.«

»Unter IFRS sehen die Dinge anders aus als unter HGB (Handelsgesetzbuch)«, antwortet Thaler, »Wir müssen ja für die Erstkonsolidierung den Kaufpreis auf alle Vermögenswerte und Schulden der KeraChem aufteilen und dabei auch immaterielle Vermögenswerte ausweisen – Kaufpreisallokation oder ›purchase price allocation‹ auf Neudeutsch. Das ist eine Heidenarbeit und gerade bei den vielen Intangibles bei der KeraChem ohne unsere Controller nur schwer zu schaffen. Und für den Ausweis und die interne Zuordnung des Goodwills, den wir zahlen, brauchen wir auch das Know-how der Controller – sonst erleben wir beim nächsten Impairment-Test möglicherweise böse Überraschungen.« »Impairment-Test ... das war doch noch ...« Müller blickt Thaler fragend an. »Der Goodwill, das heißt, die Prämie, die wir auf den anteiligen Eigenkapitalwert gezahlt haben, den müssen wir in unserer Konzernbilanz ausweisen und jedes Jahr auf Werthaltigkeit prüfen«, erläutert Thaler. »Das geschieht auf Basis der Planzahlen im Controlling – und deshalb müssen wir schon jetzt darauf achten, wie wir den Goodwill intern zuordnen, denn das ist die Ausgangsbasis für den Impairment-Test.« Thaler beschließt, die günstige Situation

Gemäß dem »Management Approach« greift die IFRS-Bilanzierung in hohem Umfang auf interne Steuerungsinformationen des Unternehmens zu

für einen Vorstoß zu nutzen, der ihm schon lange vorschwebt. »Seit wir nach IFRS berichten, ergeben sich immer mehr Schnittstellen zwischen der Bilanzierung und dem Controlling. Beide Bereiche müssten eigentlich viel enger zusammenarbeiten und ...«

Müller unterbricht Thaler: »Jetzt machen Sie mir erst einmal die Erstkonsolidierung der KeraChem fertig und holen Sie sich dazu von mir aus auch aus dem Controlling die Leute, die Sie brauchen. Danach können wir dann die konzeptionellen Fragen angehen. Wie wäre es, wenn Sie mir Ihre Überlegungen zur Zusammenarbeit zwischen Controlling und Bilanzierung in einem kurzen Exposé zusammenfassen?« Thaler nickt zufrieden. Zurück in seinem Büro greift er in einen großen Stapel Unterlagen und zieht einen blauen Band hervor: »IFRS – Kaufpreisallokation und Goodwill-Impairment: Herausforderung für das Controlling« steht auf dem Titel. »Wie praktisch, dass ich diesen Band gerade heute zugesandt bekommen habe«, denkt Thaler für sich. »Das hilft mir nicht nur für die Erstkonsolidierung der KeraChem, sondern auch für das gewünschte Exposé – es wäre doch gelacht, wenn wir uns bei der Maschinenbau AG im Finanzbereich nicht besser aufstellen könnten ...«

Controlling im Spannungsfeld von Konvergenz und Compliance

So wie in unserem – natürlich fiktiven – Unternehmen geht es vielen Bilanzierern und auch Controllern nach der Umstellung der Bilanzierung auf IFRS. Nachdem die ersten Hürden der neuen internationalen Standards erfolgreich bewältigt worden sind, treten an der Schnittstelle zwischen Controlling und Bilanzierung eine Vielzahl neuer Gestaltungsprobleme auf.

Während die durch vergangenheits- beziehungsweise reliabilitätsorientierte Vorschriften geprägte HGB-Bilanzierung traditionell von den internen Controllingsystemen weitgehend losgelöst agierte, greifen die IFRS in hohem Umfang auf die Controllinginformationen zurück. So werden Planungsrechnungen oder interne Berichte unter IFRS immer mehr dazu genutzt, externe Wertansätze, zum Beispiel im Rahmen der Fair-Value-Bewertung, zu fundieren. Diese Vorgehensweise wird auch als »Management Approach« bezeichnet. Controller müssen damit eine deutlich höhere Mitverantwortung für die Unternehmenskommunikation gegenüber externen Adressaten übernehmen, als dies unter HGB üblich war. Dies wird auch unter dem Stichwort »Compliance« diskutiert, nach dem die internen Controllinginformationen bei dieser Nutzung gleichzeitig auch den IFRS-Vorschriften genügen müssen.

Die durch die IFRS angestoßenen Veränderungen werden vielfach dazu genutzt, überkommene Controllingprozesse und -strukturen zu verschlanken und gleichzeitig effizienter zu gestalten. Im Mittelpunkt steht dabei die Konvergenz zwischen interner und externer Rechnungslegung, das heißt die Einführung einer einheitlichen Finanzsprache für externe wie interne Berichtszwecke – statt »different costs for different purposes«, also verschiedene Kosten für verschiedene Zwecke, geht es jetzt darum, »one version of the truth«, das heißt eine konvergente Version, in der internen und externen Ergebnisrechnung zu präsentieren.

Im Kontext beider Entwicklungen werden vielfach auch interne Finanz-, Rechnungswesen- und Controllingfunktionen gebündelt, beispielsweise indem Controlling und externes Rechnungswesen in einem Managementressort wie der Vorstandsfunktion des CFO (Chief Financial Officer) zusammengefasst werden. Damit wird der Controllerbereich jedoch gleichzeitig auch einem stärkeren Wettbewerb mit anderen Finanzfunktionen um die Aufmerksamkeit beim Management ausgesetzt. So zeigt eine jüngst durchgeführte Untersuchung im Internationalen Controller Verein, dass nach Unternehmensberatungen das Accounting durch den Controllerbereich als stärkster Konkurrent um die Aufmerksamkeit des Managements wahrgenommen wird (vergleiche Weber et al. 2006, S. 48).

Abbildung 1 stellt die im Kontext der IFRS induzierte Verzahnung von IFRS-Finanzberichterstattung und Controlling und die sich daraus ergebenden Konsequenzen für die Institutionalisierung von Controlling- und anderen Finanzprozessen grafisch dar (vergleiche auch Weißenberger/IGC 2006, S. 29).

Der vorliegende *Advanced Controlling*-Band setzt sich zum Ziel, die bestehenden Herausforderungen für das Controlling unter IFRS anhand einer in der Unternehmenspraxis äußerst relevanten Themenstellung, nämlich der Abbildung von Unternehmensakquisitionen und deren langfristigen Auswirkungen auf das Controlling, zu diskutieren. Die

Die zunehmende Konvergenz von externem und internem Rechnungswesen führt zu einem stärkeren Wettbewerbsdruck für Controller

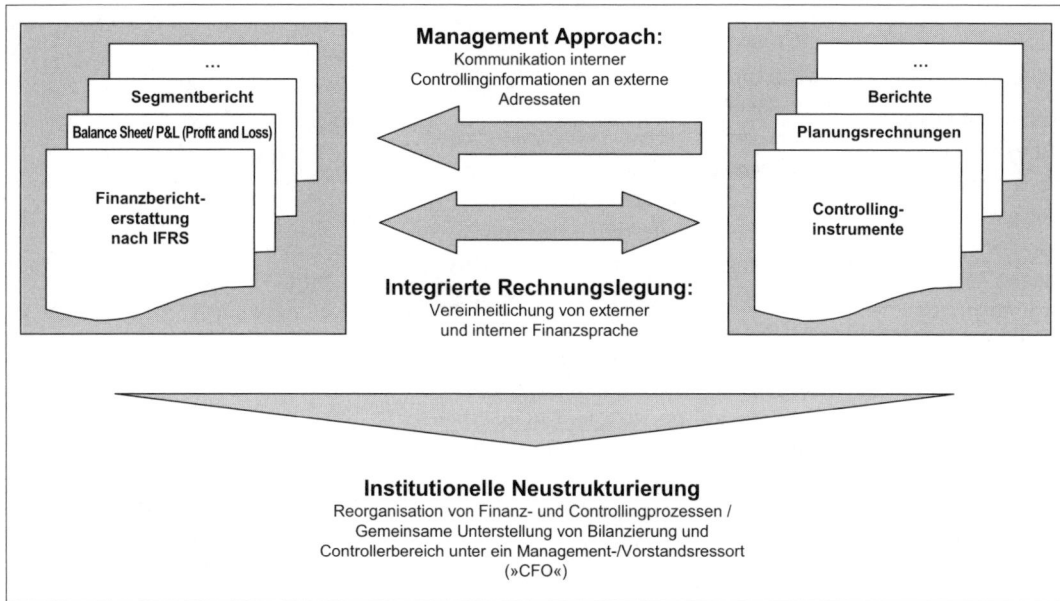

Abbildung 1: Konsequenzen der IFRS-Finanzberichterstattung für das Controlling im Überblick
(Quelle: Weißenberger 2007b, S. 322).

hier angesprochenen IFRS 3 (Business Combinations) und IAS 36 (Impairment of Assets) stellen dabei Paradebeispiele für Standards dar, die direkt und unmittelbar das Controlling berühren. Dabei geht es um ein ganzes Bündel von Fragen, zum Beispiel:

- Welche Controllinginformationen werden für
  - die Kaufpreisallokation (purchase price allocation),
  - die Kapitalkonsolidierung und
  - den Wertminderungstest (Impairment-Test)

  in der Folgekonsolidierung notwendig?
- Welche Rückwirkungen haben bilanzpolitische Zielsetzungen der IFRS-Finanzberichterstattung auf das interne Zahlenwerk und auf die damit einhergehenden Steuerungsanreize? So ist zum Beispiel vorstellbar, dass ein Goodwill-Impairment im Konzernabschluss – wenn möglich – mit Rücksicht auf existierende Kapitalmarktzwänge vermieden werden oder andererseits im Rahmen eines »big bath accounting«, das heißt der bilanzpolitischen Akkumulierung möglichst vieler Verlustpositionen in einem Geschäftsjahr, forciert werden soll. Implikationen für das Controlling scheinen zumindest möglich.
- Welche Möglichkeiten und Grenzen gibt es in der Übertragbarkeit der IFRS-Zahlen in das interne Rechnungswesen? Schließlich muss auch für Steuerungszwecke überlegt werden, wie gezahlte Kaufpreise auf einzelne Unternehmensbereiche geschlüsselt und in den Folgeperioden in das Bereichsergebnis einzubeziehen sind.
- Welche Chancen erkennt das Controlling, um die auf dem Wege einer Einzelerwerbsfiktion identifizierten immateriellen Werte einschließlich Goodwill als neue Controllingfelder zu erkennen und zu steuern?
- Wie kann sich der Controller als »Sparringspartner« in dieser Diskussion mit dem externen Rechnungswesen, den Abschlussprüfern und auch der Geschäftsleitung neu positionieren?

IFRS – das Rechnungslegungssystem der Zukunft

Die Relevanz der IFRS-Welt für das Controlling hängt stark von der praktischen Bedeutung dieses Rechnungslegungssystems ab. Bereits heute ist diese Bedeutung sehr hoch; sie dürfte in den nächsten Jahren sogar noch steigen. Warum?

Spätestens seit der Verabschiedung der EU-Verordnung 1606/2002 sind die IFRS aus der europäischen Rechnungslegungspraxis nicht mehr wegzudenken. Hatten viele Unternehmen in den jeweiligen EU-Mitgliedstaaten schon zuvor auf freiwilliger Basis IFRS-Abschlüsse erstellt, so sind kapitalmarktorientierte (Mutter-)Unternehmen nunmehr seit 2005 gezwungen, ihren Konzernabschluss nach IFRS aufzustellen. Als kapitalmarktorientiert gelten hierbei alle Unternehmen, deren Wertpapiere (Eigenkapital- und/oder Fremdkapitaltitel) am jeweiligen Bilanzstichtag in einem beliebigen EU-Mitgliedstaat zum Handel in einem geregelten Markt zugelassen sind. Eine Übergangsfrist bis

Seit Verabschiedung der EU-Verordnung 1606/2002 sind die IFRS aus der europäischen Rechnungslegungspraxis nicht mehr wegzudenken

2007 wird insbesondere den europäischen Unternehmen eingeräumt, die (noch) wegen eines US-Börsenlistings den US-GAAP folgen. Gleiches gilt für Unternehmen, die ausschließlich aufgrund emittierter Fremdkapitaltitel unter den Anwendungsbereich der EU-Verordnung fallen. In Deutschland dürften knapp 1.300 Unternehmen als kapitalmarktorientiert zu klassifizieren sein (Burger/Fröhlich/Ulbrich 2006, S. 117). Allerdings sind Abertausende weitere Unternehmen indirekt durch die EU-Verordnung zur IFRS-Rechnungslegung angehalten. Als Tochterunternehmen der unmittelbar betroffenen kapitalmarktorientierten Unternehmen stehen sie in der Verpflichtung, ihren originären Einzelabschluss auf IFRS überzuleiten (Handelsbilanz II), um für den IFRS-Konzernabschluss der Gruppe geeignete Ausgangsdaten zur Verfügung zu stellen.

Die EU-Verordnung räumt den Mitgliedstaaten aber auch das Recht ein, den Anwendungsbereich der IFRS auszudehnen. So ist es den Mitgliedstaaten freigestellt, die Anwendung der IFRS auch im Konzernabschluss nicht-kapitalmarktorientierter Unternehmen sowie im Einzelabschluss kapitalmarkt- und nicht-kapitalmarktorientierter Unternehmen per Wahlrecht zuzulassen oder gar vorzuschreiben. Der deutsche Gesetzgeber hat hierauf Ende 2004 mit Verabschiedung des Bilanzrechtsreform-

Sämtliche kapitalmarktorientierten Unternehmen müssen seit 2005 ihren Konzernabschluss nach IFRS aufstellen, nicht kapitalmarktorientierte Unternehmen mit Sitz in Deutschland haben ein Wahlrecht

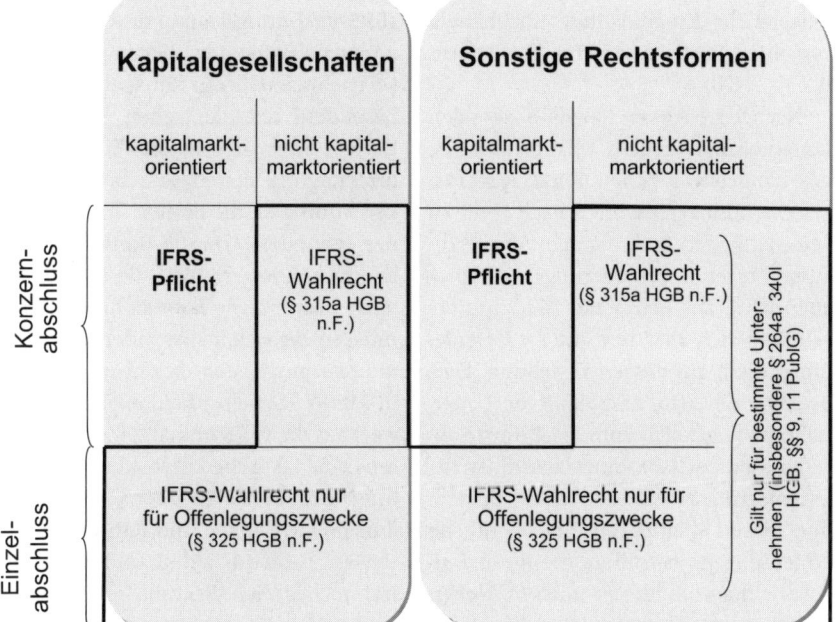

Abbildung 2: Anwendungsbereich der IFRS in Deutschland nach EU-Verordnung und BilReG (Quelle: Pellens/Fülbier/Gassen 2006, S. 50)

Auch im Mittelstand steigt die Anzahl der IFRS-Bilanzierer

Die internationale Bankenregulierung nach Basel II stellt ein weiteres Einfallstor für die IFRS-Rechnungslegung dar

Die Anwendung der IFRS ist auch im Einzelabschluss möglich, allerdings nur für Offenlegungszwecke

gesetzes (BilReG) reagiert. In § 315a Absatz 3 HGB ist seitdem ein Wahlrecht enthalten, das auch sämtlichen anderen Mutterunternehmen die (von der HGB-Rechnungslegungspflicht) befreiende Aufstellung eines IFRS-Konzernabschlusses erlaubt (siehe Abbildung 2). Der deutsche Gesetzgeber gibt damit das Mitgliedstaatenwahlrecht der EU-Verordnung an alle konzernrechnungslegungspflichtigen Unternehmen weiter. Obwohl § 290 HGB grundsätzlich davon ausgeht, dass ein Mutterunternehmen als Kapitalgesellschaft organisiert ist, trifft dieses Wahlrecht auch bestimmte Personengesellschaften und Einzelkaufleute, sofern diese gemäß § 264a HGB oder § 11 PublG ebenfalls als Mutterunternehmen konzernrechnungslegungspflichtig sind. Selbiges gilt für bestimmte Branchen, für die §§ 290 ff. HGB gelten, zum Beispiel für Kreditinstitute unabhängig von ihrer Größe und ihrer Rechtsform (§ 340i HGB).

Nach § 325 Absatz 2a) HGB ist es den Unternehmen zudem erlaubt, anstelle des handelsrechtlichen Einzelabschlusses einen Einzelabschluss nach IFRS zu veröffentlichen, sofern den in Absatz 2b) aufgeführten Voraussetzungen entsprochen wird. Die befreiende Wirkung beschränkt sich aber nur auf die Offenlegung, nicht auf dessen Erstellung. Dies bedeutet de facto, dass deutsche Unternehmen zusätzlich zum HGB-Einzelabschluss einen IFRS-Einzelabschluss für Offenlegungszwecke erstellen dürfen. Von dieser Möglichkeit sind sämtliche Unternehmen betroffen, die ihren Einzelabschluss offenlegen müssen. Neben den Kapitalgesellschaften sind dies Nicht-Kapitalgesellschaften, die insbesondere unter § 264a, § 340l HGB oder § 9 PublG fallen.

Bereits auf der Grundlage dieser geltenden Regeln ist davon auszugehen, dass die IFRS gerade den Bereich der Konzernrechnungslegung dominieren werden. So scheint der nicht unmittelbar von der EU-Verordnung betroffene (nicht kapitalmarktorientierte) Mittelstand in der Mehrheit einer IFRS-Anwendung offen gegenüberzustehen. Untersuchungen zeigen (siehe Abbildung 3), dass sich insbesondere Kapitalgesellschaften bereits für eine IFRS-Anwendung entschieden haben oder selbige kurzfristig planen. Aber selbst unter den Personengesellschaften sind schon etwa 10 % auf IFRS umgestiegen, während fast 30 % die Umstellung planen.

Weiterhin wird die Verbreitung der IFRS-Rechnungslegung durch die internationale Bankenregulierung über »Basel II« forciert, deren Konsequenzen insbesondere den deutschen Mittelstand treffen. Hiernach ist die Eigenkapitalhinterlegung der kreditgebenden Banken künftig an die Bonität ihrer Schuldner gebunden. Um die Bonität beurteilen zu können, werden die Banken interne oder externe Ratings durchführen müssen, die sich insbesondere auf Rechnungslegungsdaten beziehen. Obwohl in »Basel II« selbst kein expliziter Hinweis auf die IFRS enthalten ist, wird daraus eine faktische Entwicklung in Richtung der IFRS abgeleitet. Einerseits dürften die Banken und Rating-Agenturen an standardisierten und möglichst wahlrechtsfreien Rechnungslegungsdaten interessiert sein, um diese auch standardisiert auswerten zu können. Andererseits ist zu vermuten, dass die kredit-

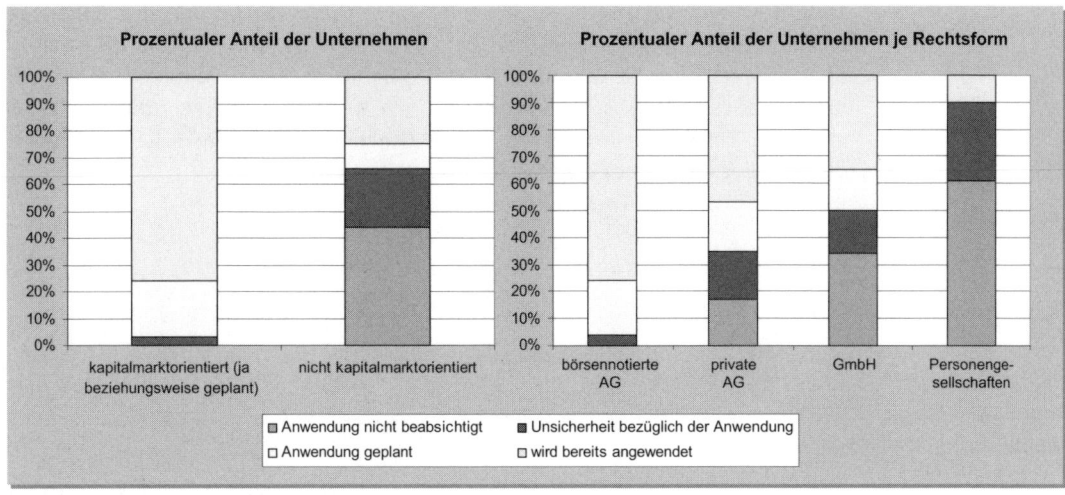

Abbildung 3: Stand der Umstellung der Rechnungslegung auf IFRS
(Quelle: von Keitz/Reinke/Stibi 2006, S. 6 f.)

suchenden Unternehmen selbst im Sinne des »Signalling« die Initiative ergreifen und mit der Umstellung ihrer Rechnungslegung auf IFRS ihr besonders hohes Transparenzniveau dokumentieren wollen.

Abschließend ist auch zu erwähnen, dass das kostenintensive Nebeneinander von IFRS und HGB im Einzelabschluss derzeit heftig diskutiert wird. Hierbei erscheint es keineswegs unwahrscheinlich, dass das HGB mittel- bis langfristig gänzlich verschwindet und auch Einzelabschlüsse nach IFRS aufgestellt werden. Mögliche Lösungen für die an den Einzelabschluss gekoppelten Rechtskonsequenzen werden bereits erörtert: Abschaffung der »Maßgeblichkeit« für die steuerliche Gewinnermittlung bei gleichzeitiger Übertragung mancher HGB-Regeln ins Steuerrecht und Kompensation der bilanziellen Kapitalerhaltung durch »Solvency Tests« (vergleiche zum Beispiel Pellens/Fülbier/Gassen 2006, S. 899 ff.; Pellens/Crasselt/Sellhorn 2007).

Ähnlich dem HGB wird auch die Bedeutung der US-GAAP für deutsche Unternehmen auf lange Sicht hin abnehmen. Bereits 2002 sind die Standardsetter-Gremien FASB (Financial Accounting Standards Board) und IASB im so genannten Norwalk Agreement übereingekommen, die Unterschiede zwischen beiden Regelwerken zu reduzieren und eine gegenseitige Harmonisierung anzustreben. Die Überarbeitung bereits bestehender IFRS erfolgt im Rahmen des so genannten »Joint-Convergence Project« daher in enger Zusammenarbeit mit dem FASB (vergleiche Pellens/Fülbier/Gassen 2006, S. 80). Kritiker sehen in diesem Projekt jedoch eher eine Angleichung der IFRS an die US-GAAP als echte Konvergenzbemühungen beider Seiten. Zudem ist das IASB bestrebt, eine Akzeptanz der IFRS für an der amerikanischen Börse gelistete ausländische

Auch US-GAAP wird langfristig an Bedeutung verlieren – ähnlich dem HGB

Unternehmen zu erlangen. Auch wenn es lange nicht danach ausgesehen hat, dass die amerikanische Börsenaufsichtsbehörde auch IFRS-Abschlüsse für ausländische Emittenten akzeptieren würde, so äußerte sich der derzeitige Chairman der US-amerikanischen Börsenaufsicht SEC (Securities and Exchange Commission) im Frühjahr 2007 dahingehend, dass er an diesem Ziel festhalten wolle (zur Anerkennung der IFRS durch die SEC vergleiche ausführlich Vater 2007).

2 Auswirkungen der IFRS auf das Controlling: ein Blick in die Tiefe

Internationalisierung der Finanzberichterstattung

Mit den IFRS gewinnen anglo-amerikanische Rechnungslegungsvorstellungen in Deutschland praktische Relevanz und rütteln an der traditionellen Trennung von internem und externem Rechnungswesen (vergleiche hierzu insbesondere Fülbier/Hirsch/Meyer 2006). Die auf Schmalenbach zurückgehende Unterscheidung der Rechenkreise in Aufwand und Ertrag einerseits sowie (kalkulatorische) Kosten und Leistungen andererseits ist international ebenso unbekannt wie die stark verzerrte Abbildung der unternehmerischen Realität in einer vorsichtigen Rechnungslegung: So ist die Philosophie der traditionellen deutschen HGB-Abschlüsse weniger stark von einer »neutralen« Informationsfunktion geprägt, sondern eher durch die Zahlungsbemessungskonsequenz hinsichtlich der steuerlichen Gewinnermittlung (»Maßgeblichkeit« gemäß § 5 Absatz 1 EStG) und der Dividendenausschüttung (vergleiche zum Beispiel § 58 Absatz 2 AktG, § 29 GmbHG). Allgemein akzeptiert ist in dieser Tradition, dass ein ausschüttungsfähiger Gewinn »vorsichtig« ermittelt werden muss, um auch andere Unternehmensbeteiligte wie zum Beispiel die Gläubiger zu schützen. Um dabei einen kontinuierlichen Zahlungsstrom zu gewährleisten, gewährt das HGB zudem eine Reihe expliziter Wahlrechte, die es den bilanzierenden Unternehmen erlaubt, das vorsichtige Verhalten in schlechten Phasen aufzugeben und vormals gebildete stille Reserven wieder aufzulösen.

Diese Philosophie führte in zahlreichen Unternehmen wie selbstverständlich zur Trennung des Rechnungswesens, um die unterschiedlichen Informations- und Auszahlungsansprüche externer Gruppen wie Gläubiger, Eigentümer und Fiskus, aber auch des Managements zu erfüllen. Letzteres nämlich bedarf realitätsnaher und vor allem unverzerrter Informationen, um Entscheidungen richtig treffen zu können und das Unternehmen zu steuern. Für deren Bereitstellung war und ist in der Regel der Controllingbereich zuständig, der ein von den HGB-Zahlen weitgehend abgekoppeltes Zahlensystem entwickelt hat (vergleiche Weber/Weißenberger 2006, S. 31 ff. und 337 ff.).

Mit dem Zurückdrängen der handelsrechtlichen Rechnungslegung und der zunehmenden Adaption insbesondere der International Financial Reporting

Anders als das HGB stellen die IFRS primär entscheidungsrelevante Informationen für Investoren zur Verfügung

Mit Einzug der IFRS-Rechnungslegung hat auch die Konvergenz von internem und externem Rechnungswesen zugenommen

Standards (IFRS) in Europa und darüber hinaus (insbesondere in Russland, China, Australien et cetera) ändert sich diese Ausgangslage dramatisch: Die strikte Trennung des Rechnungswesens in eine interne und eine externe Dimension wird in Frage gestellt. So ist es ja das Ziel der IFRS, den externen Adressaten entscheidungsrelevante Informationen zur Verfügung zu stellen (F.12, IAS 1.13), indem eine neutrale und eben nicht asymmetrisch verzerrte Abbildung der tatsächlichen wirtschaftlichen Lage angestrebt wird (F.36) (vergleiche auch Pellens/Fülbier/Gassen 2006, S. 101–125, sowie Weißenberger 2007b, S. 55–61). Eine Konvergenz scheint die logische Konsequenz, da es insofern – ähnlich wie auch in der internen Berichterstattung – um die Vermittlung einer »fair presentation« beziehungsweise um den »true and fair view« geht und die IFRS-Rechnungslegung zudem sehr viel weniger (explizite) Wahlrechte enthält. Dies hat außerdem zur Folge, dass auch im externen Rechnungswesen Cashflow-Größen und Prognosen eine immer höhere Bedeutung haben. Solche Kalküle, die aus einer Controllingperspektive eine zentrale Rolle zum Beispiel bei der Bewertung von Investitionen einnehmen, werden jetzt auch für die Bewertung von Vermögenswerten nach IFRS eingesetzt. Das Zauberwort heißt hier »Fair Value«. Über die Fair-Value-Bewertung halten Marktwerte (mark-to-market) oder, wenn diese nicht verfügbar sind, modellierte Zeitwerte (mark-to-model) zunehmend Einzug in die IFRS-Rechnungslegung. Dies beschränkt sich beileibe nicht auf Finanzinstrumente (IAS 39), sondern umfasst auch weite Teile des sonstigen Vermögens, wie zum Beispiel Sachanlagen (IAS 16), immaterielle Werte (IAS 38), als Finanzinvestition gehaltene Immobilien (IAS 40) oder biologische Vermögenswerte (IAS 41). Auch der so genannte Impairment-Test (IAS 36) ist ein prominentes Anwendungsbeispiel der Fair-Value-Welt, die im Mark-to-model-Bereich primär auf Cashflow-Prognosen und DCF-Modelle zugreift. Diese sind für jeden Vermögenswert mindestens jährlich durchzuführen, um eine aktuelle Vermögensbewertung zu erhalten (vergleiche sehr viel ausführlicher zu diesen IFRS-Fragen Pellens/Fülbier/Gassen 2006; zur Problematik der Fair-Value-Prüfung siehe auch Marten/Quick/Ruhnke 2003, S. 353–363).

Die Notwendigkeit einer Zusammenarbeit von Bilanzierern und Controllern ist vor diesem Hintergrund offenkundig. Cashflow-Prognosen beinhalten Zukunftsbetrachtungen, die letztlich nur auf der Expertise unternehmensinterner Controllingexperten beruhen können. Für diese gehören Planungen seit langem zum Alltagsgeschäft, wie eine aktuelle empirische Befragung von Controllern in Deutschland, Österreich und der Schweiz eindrucksvoll belegt. So bezeichnet die Studie der WHU und des Internationalen Controller Vereins, an der mehr als 700 Mitglieder des Internationalen Controller Vereins teilnahmen, die Erledigung von Planungsaufgaben als ihr bedeutendstes Tätigkeitsfeld (Weber et al. 2006, S. 32).

Controlling als Informationsdienstleister der Bilanzierung – einige Beispiele

In der kasuistischen IFRS-Welt gibt es eine Reihe von Einzelfallbeispielen, die konkret aufzuzeigen vermögen, dass das Controlling auch dem externen Rechnungswesen als Informationslieferant dient. Ein sehr präsentes Beispiel ist in diesem Zusammenhang der seit 2005 geltende »impairment-only-approach« im IFRS-System (IFRS 3, IAS 36). Hiernach dürfen aus Unternehmensakquisitionen resultierende Goodwills im Konzernabschluss nicht mehr planmäßig abgeschrieben werden. Stattdessen sind sie mindestens einmal jährlich auf der Ebene so genannter »cash generating units« (CGUs) – in der deutschen Literatur auch als »zahlungsmittelgenerierende Einheit« (ZGE) bezeichnet (siehe Exkurs 1) – einem Impairment-Test zu unterziehen. Nicht nur, dass die Abgrenzung dieser ZGE auf der Basis der internen Steuerung erfolgt (IAS 36.69), auch interne Businesspläne aus dem Controlling müssen für die Wertermittlung der ZGE herangezogen werden.

Exkurs 1: Zum Begriff der cash generating unit/zahlungsmittelgenerierende Einheit

Cash generating units müssen in der IFRS-Rechnungslegung unter anderem für Zwecke der Goodwill-Allokation, aber auch für den Impairment-Test gemäß IAS 36 gebildet werden. Sie umfassen ein Konglomerat von Vermögensgegenständen, die gemeinschaftlich Cashflows generieren und die dabei weitgehend unabhängig von den Mittelzuflüssen anderer Vermögenswerte sind (IAS 36.6). In der deutschen Literatur wird der Begriff meist mit »zahlungsmittelgenerierende Einheit« (ZGE) übersetzt. Folgendes Beispiel soll die Idee der cash generating unit verdeutlichen: Ein Unternehmen besitzt annahmegemäß eine Erzgrube, die in ansonsten nicht erschlossenem Gelände liegt. Die dort abgebauten Bodenschätze müssen jedoch zunächst mit einer privaten Bahnlinie an Verladestationen des öffentlichen Schienennetzes transportiert werden. In der Anlagenbuchhaltung sind die Erzgrube, die Bahnlinie sowie die zum Abbau und Transport eingesetzten Maschinen und Waggons einzeln zu ihren Anschaffungs- beziehungsweise fortgeführten Buchwerten aufgeführt. Für Bewertungszwecke müssen all diese Vermögenswerte jedoch zu einer cash generating unit zusammengefasst werden, da Umsatzerlöse beziehungsweise (zahlungswirksame) Deckungsbeiträge nicht allein mit der Erzgrube oder der Bahnlinie, sondern nur im Zusammenspiel dieser Vermögenswerte erzeugt werden.

Während die Bildung derartiger Bewertungseinheiten aus Sicht der Bilanzierer und Wirtschaftsprüfer, die aus der HGB-Welt die strengen Vorschriften zur Einzelbewertung (vergleiche § 252 Nr. 3 HGB) gewohnt sind, nur schwer zu verinner-

> lichen ist, tun sich Controller mit diesem Konstrukt leichter, denn in der internen Steuerung wird – zum Beispiel über die Bildung von Profit Centern oder die Zusammenfassung mehrerer zusammengehörender Anlagegegenstände in einem Investitionsantrag – praktisch ebenfalls vielfach mit derartigen cash generating units (auch wenn sie nicht als solche bezeichnet werden) gearbeitet.

Ähnliches gilt auch für die Langfristfertigung nach IAS 11, bei der Kostenschätzungen vonnöten sind, um eine Teilgewinnrealisierung nach Maßgabe der »percentage-of-completion-method« zu bilanzieren. Auch die nach IAS 38 mögliche Aktivierung von Entwicklungskosten ist an Voraussetzungen gebunden (IAS 38.57), die der Wirtschaftsprüfer oft nur in Zusammenarbeit mit dem Forschungs- und Entwicklungs (F&E)-Controlling überprüfen kann.

In der IFRS-Welt setzt sich immer stärker der so genannte »management approach« durch (vergleiche ausführlich Weißenberger/Maier 2006, S. 2077 ff.). Hiernach folgen Teile des IFRS-Abschlusses unmittelbar der Sicht der Unternehmensleitung und damit dem internen Rechnungswesen. Genannte Beispiele wie die ZGE-Abgrenzung oder »impairment-only« bei der Goodwill-Folgebewertung werden zum Beispiel ergänzt durch die Segmentberichterstattung. So greift IFRS 8 bei der Frage der Segmentabgrenzung auf die Steuerungsstruktur des Unternehmens beziehungsweise Konzerns zurück. Das IASB geht hier davon aus, dass die interne Organisations- und Managementstruktur eines Unternehmens und sein System der internen Finanzberichterstattung eine Abbildung der Unternehmens- beziehungsweise Konzernteile, die den unterschiedlichen Risiken entspricht, am besten gewährleisten. Durch Umstellung des alten IAS 14 auf IFRS 8 wurde der »Management Approach« sogar noch ausgeweitet, indem auch die Daten der Segmentberichterstattung dem internen Rechnungswesen entnommen werden – eine Revolution in der Rechnungslegung, die bereits seit Jahren im US-GAAP-System praktiziert wird (Statement of Financial Accounting Standards (SFAS) 131). Der Wirtschaftsprüfer prüft damit unmittelbar das interne Zahlenwerk!

Die Finanzberichterstattung zwingt das Controlling aber auch an anderer Stelle in neue Bahnen: Da auch IFRS-Anwender verpflichtet sind, zusätzlich zu ihrem IFRS-Einzel- und -Konzernabschluss einen (Konzern-)Lagebericht nach §§ 289, 315 HGB aufzustellen, müssen sämtliche deutschen Unternehmen unter anderem den so genannten Wirtschaftsbericht (Absatz 1 Satz 1-4) sowie den Prognose- und Risikobericht erstellen (Absatz 1 Satz 5). Während Ersterer eine den tatsächlichen Verhältnissen entsprechende Darstellung von Geschäftsverlauf einschließlich Geschäftsergebnis sowie Lage des Unternehmens beziehungsweise Konzerns beinhaltet, ist in Letzterem auf die voraussichtliche Entwicklung mit ihren wesentlichen Chancen und Risiken einzugehen. Hierbei wird das Controlling Daten liefern müssen. Dies gilt insbesondere seit der Erweiterung dieser handelsrechtlichen Regulierung in 2004, weil der Wirtschaftsbericht nunmehr auch über finan-

Da das Controlling als Informationslieferant für die Bilanzierung fungiert, prüft der Wirtschaftsprüfer unmittelbar das interne Zahlenwerk

Das Controlling liefert auch Informationen für den Anhang sowie den Lagebericht

Prüfungsinhalte	Erläuterung
Fair-Value-Bewertung	Bei Nichtvorliegen von Marktpreisen basiert die Fair-Value-Bewertung auf modellierten Zeitwerten (mark-to-model), die primär auf Cashflow-Prognosen und DCF (Discounted Cashflow)-Modelle zugreifen. Die Fair-Value-Bewertung hält immer stärker Einzug in die IFRS-Rechnungslegung, insbesondere IAS 16 (Sachanlagen), IAS 38 (Immaterielle Werte), IAS 39 (Finanzinstrumente), IAS 40 (als Finanzinvestition gehaltene Immobilien), IAS 41 (biologische Vermögenswerte), IFRS 3 (Unternehmenszusammenschlüsse), IFRS 2 (anteilsbasierte Vergütung).
Impairment-Test	Letztlich geht es auch hier um die Fair-Value-Bewertung, zumindest sofern die Werte unter den Buchwerten liegen. Dies gilt gemäß IAS 36 für einzelne Vermögenswerte wie auch den Goodwill, der auf der Basis so genannter cash generating units auf Werthaltigkeit geprüft wird (»impairment-only-approach«).
Langfristfertigung	Greifen die Voraussetzungen der percentage-of-completion-method nach IAS 11, sind Schätzungen künftiger Kosten zur Bestimmung des Fertigstellungsgrads und Teilgewinns vonnöten.
Aktivierung von Entwicklungskosten	Während Forschungskosten als Aufwand zu verrechnen sind, müssen Entwicklungsaufwendungen nach IAS 38 unter restriktiven Voraussetzungen aktiviert werden. Letztere können regelmäßig nur in Zusammenarbeit mit einer Art F&E-Controlling überprüft werden.
Segmentbericht-erstattung	IFRS 8 folgt dem so genannten »management approach« bei der Abgrenzung der Segmente, indem hier die interne Organisations- und Managementstruktur ausschlaggebend ist. Dabei beruht die Segmentrechnung auch inhaltlich auf Daten des Rechnungswesens.
(Konzern-)Lagebericht	Der in §§ 289, 315 HGB vorgeschriebene (Konzern-)Lagebericht beruht insbesondere im Wirtschaftsbericht sowie im Prognose- und Risikobericht auf finanziellen (auch internen) Leistungsindikatoren sowie auf Planungsdaten.
Risikofrüherkennungs-system	Das Risikofrüherkennungssystem gemäß § 91 Abs. 2 AktG basiert ebenfalls auf dem (internen) Prognose- und Risikomanagementsystem.

Abbildung 4: Veränderte Prüfinhalte als neue Felder der Zusammenarbeit zwischen Wirtschaftsprüfer und Controller (Quelle: Fülbier/Hirsch/Meyer 2006, S. 235)

zielle Leistungsindikatoren zu berichten hat, die Aufschluss über das unternehmerische Geschäftsgebaren geben. Hierunter fallen sowohl überschussorientierte Kennzahlen wie zum Beispiel EBIT (Earnings Before Interest and Taxes) oder EBITDA (Earnings Before Interest, Tax, Depreciation and Amortization) als auch residualgewinnorientierte Kennzahlen wie CVA (Cash Value Added), EVA (Economic Value Added) oder CFROI (Cash Flow Return On Investment), die auch Rückschlüsse auf die künftige Entwicklung zulassen und insofern eine Frühindikatorenfunktion haben (vergleiche zum Beispiel Freidank/Steinmeyer 2005,

S. 2512). Da die genannten Kennzahlen oft auch für interne Steuerungszwecke verwendet werden, sind sie folglich dazu geeignet, die gemäß dem Deutschen Rechnungslegungs Standard 15 »Lageberichterstattung« geforderte Sicht der Unternehmensleitung zu vermitteln (DRS 15.28). Somit unterstützen sie den »management approach« der Informationsvermittlung. Ähnliches gilt für den Prognose- und Risikobericht, in dem seit 2004 nicht nur über Risiken der künftigen Entwicklung zu berichten ist, sondern auch über diesbezügliche Chancen. Dies entspricht – ganz im Sinne der internen Berichterstattung – einer paritätischen Behandlung von Chancen und Risiken im Sinne eines integrierten Chancen- und Risikomanagements und damit der Abkehr von der asymmetrischen, auf Vorsicht beruhenden Rechnungslegung hin zu mehr Neutralität. Zudem dürften für die Erstellung der internen Prognosen und Businesspläne in der Regel wieder die Planungsspezialisten – und somit häufig die Controller – zuständig sein und sogar dem Wirtschaftsprüfer als primärer Ansprechpartner dienen. Letztlich gilt es, die im (Konzern-)Lagebericht dokumentierten Prognosen mit den internen, für das Management bestimmten Prognosen abzugleichen. Diese Form der Zusammenarbeit bietet sich damit auch hinsichtlich des Risikofrüherkennungssystems an, das börsennotierten Aktiengesellschaften seit dem KonTraG gemäß § 91 Absatz 2 AktG vorgeschrieben ist und das neben der Abschlussprüfung und Lageberichtseinklangsprüfung ebenfalls pflichtgemäß geprüft werden muss (§ 317 Absatz 4 HGB).

Diese Erweiterung des Aufgabenbereichs des Controllings hat sich mittlerweile auch in der Praxis durchgesetzt. So wurde jüngst in einer unter österreichischen IFRS-Bilanzierern durchgeführten Studie festgestellt, dass Controller circa acht Stunden pro Woche in ihre Rolle als Informationsdienstleister für die Bilanzierung investieren (vergleiche zu den Ergebnissen dieser Studie ausführlicher Kapitel 5).

Rückwirkung auf das Controlling und die interne Informationsgenerierung

Scheinen die bisherigen Ausführungen eine Neuorientierung im Controlling anzudeuten, die insbesondere durch die neue Funktion des Controllers als Informationsbereitsteller für externe Belange der Finanzberichterstattung geprägt ist, so dürfen damit einhergehende Rückwirkungen auf die interne Informationsgenerierung keinesfalls übersehen werden. Dies gilt offenkundig dann, wenn die IFRS oder darüber hinausgehende Publizitätsregeln des deutschen Gesellschafts- oder Kapitalmarktrechts bestimmte Vorgaben an die Art und Qualität der generierten Daten formulieren. So existieren Standards, wie zum Beispiel IAS 36 (Impairment), die relativ detailliert festlegen, mit welchen Bewertungsverfahren Vermögenswerte auf Wertminderungen zu überprüfen sind. Auch wenn dies verständlicherweise durch den Objektivierungsanspruch des externen Rechnungswesens getrieben ist, so reduziert sich hierdurch die Freiheit der internen Datengenerierung und -gestaltung. Das wird immer dann zum Problem, wenn die Eignung der so generierten Daten für Zwecke des internen Rechnungswesens beeinträchtigt

Die Funktion des Controllings als Informationslieferant für die Bilanzierung reduziert die Freiheit der internen Datengenerierung und -gestaltung

wird. Natürlich gibt es auch Standards, wie zum Beispiel IFRS 8 (Operating Segments), die stärker dem Gedanken des management approach folgen und interne Daten unverfälscht ins externe Rechnungswesen übertragen. Allerdings sind auch hier Rückwirkungen zu erwarten, sofern das Management bestimmte interne Daten gar nicht extern publizieren will.

Der letzte Gedanke leitet über zu einer sehr viel indirekteren und subtileren Form der Rückkopplung: Das Management dürfte auch im konvergenten Rechnungswesen Schwerpunkte setzen, die eventuell dazu führen, dass die Belange der externen Kommunikation die Zwecke des internen Rechnungswesens überdecken oder zumindest in den Hintergrund drängen. So stehen zum Beispiel kapitalmarktorientierte Unternehmen unter besonderer Beobachtung gerade institutioneller Kapitalmarktteilnehmer und sind in diesem Zusammenhang dem besonderen Druck ausgesetzt, bestimmte Bilanzrelationen und Finanzkennzahlen in einer bestimmten Mindesthöhe zu gewährleisten. In gewissem Maße ist hierfür nicht nur das tatsächliche Geschäftsgebaren verantwortlich, sondern auch die bilanzpolitische Gestaltung der externen Rechenwerke über entsprechende Ausübung von Wahlrechten und Ermessensspielräumen. Während das HGB stärker durch gesetzlich vorgesehene (explizite) Wahlrechte geprägt ist, dürfte das IFRS-System sehr viel stärker durch Ermessensspielräume geprägt sein, so dass natürlich auch (oder gerade) hier Bilanzpolitik möglich wird. Wenn diese Ermessensspielräume aber an die interne Datengenerierung anknüpfen, ergeben sich die besagten Rückkopplungseffekte. So wäre zum Beispiel vorstellbar, dass interne Businesspläne und die ihnen zu Grunde liegenden Schätzungen so weit angepasst werden, dass ein Wertminderungsbedarf erst gar nicht auftritt. Die Folgen wären allerdings die Verzerrung des internen Rechnungswesens und die Beeinflussung ihrer Zweckadäquanz. Eine »parallele« interne Welt, eine für Zwecke der externen Datenbelieferung und eine für interne Zwecke erscheint dabei hoch problematisch und nicht als Lösung. Schon der Abschlussprüfer dürfte zum Beispiel zwei parallel vorliegende Businesspläne als Verstoß gegen IAS 36 ablehnen. Das Controlling ist hier also gefangen im Spannungsverhältnis von Konvergenz und Compliance.

Das Controlling steht im Spannungsverhältnis zwischen den Erwartungen externer und interner Informationsadressaten

Praxisbericht aus dem E.ON-Konzern: Konvergenz und Compliance im Controlling unter IFRS

Dr. Bernd Haeger ist seit 2003 Leiter Accounting Compliance im E.ON-Konzern und war davor als Leiter Konzernrechnungswesen für die Erstellung des E.ON-Konzernabschlusses nach US-GAAP verantwortlich. Seit 2005 leitet Dr. Haeger zudem den Arbeitskreis »Externe Rechnungslegung« der Gesellschaft für Finanzwirtschaft in der Unternehmensführung (GEFIU e.V.).

Wie wichtig mittlerweile die Zusammenarbeit von interner und externer Unternehmensrechnung innerhalb von Unternehmen ist, verdeutlicht auch das nachfolgende Interview mit Dr. Bernd Haeger, E.ON:

Herr Dr. Haeger, der Konzern E.ON, der 2000 durch die Fusion von VIAG (Vereinigte Industrieunternehmungen AG) und VEBA (Vereinigte Elektrizitäts- und Bergwerks AG) entstand, ist heute nicht nur der größte private Energieversorger weltweit, sondern mit einer Marktkapitalisierung von mehr als 80 Milliarden Euro einer der Top-DAX-Werte. Ein solches Unternehmen zu steuern, stellt Rechnungswesen und Controlling vor erhebliche Herausforderungen. Was sind aus Ihrer Sicht die zentralen Anforderungen an das Steuerungskonzept in Ihrem Hause?

Dr. Bernd Haeger: Einer der Schwerpunkte unserer Unternehmensstrategie ist die nachhaltige Steigerung des Unternehmenswertes. Zur wertorientierten Steuerung des Konzerns und zur Messung der nachhaltigen Performance und Wertentwicklung verwenden wir ein konzernweit einheitliches Planungs- und Controllingsystem. Eine klare Segmentierung, eine einheitliche Berichterstattung der Kennzahlen und ein geschlossener Berichtszyklus sind die Eckpfeiler dieses Systems. Unsere Kennzahlen müssen vor allem zwei Anforderungen erfüllen: Erstens müssen sie entscheidungsrelevante Informationen liefern, und zwar sowohl für das Management als auch für den Kapitalmarkt. Und zweitens muss die Ermittlung der Kennzahlen intern und extern transparent sein; denn nur so wird ihre Glaubwürdigkeit und Akzeptanz im Unternehmen und im Kapitalmarkt erhöht.

Können Sie uns einen kurzen Überblick über die bedeutsamsten Steuerungskennzahlen geben, die von E.ON verwendet werden?

Dr. Bernd Haeger: Die bedeutsamsten Kennzahlen zur Beurteilung der Performance und Wertentwicklung un-

Auswirkungen der IFRS auf das Controlling: ein Blick in die Tiefe

seres operativen Geschäfts sind das »Adjusted EBIT« und der »ROCE (Return On Core Equity)«. Das Adjusted EBIT ist eine operative Steuerungsgröße und ein Indikator für die nachhaltige Ertragskraft unserer Geschäfte. Hierbei handelt es sich um eine Ergebnisgröße, die um bestimmte Sondereinflüsse bereinigt wird und frei von steuerlichen und finanzwirtschaftlichen Einflüssen ist. Der ROCE ist eine Gesamtkapitalrendite vor Steuern; er misst den nachhaltig aus dem operativen Geschäft erzielten Erfolg auf das eingesetzte Kapital. Rein rechnerisch ergibt sich der ROCE als Quotient aus dem Adjusted EBIT und dem im Konzern gebundenen und zu verzinsenden Kapital, dem so genannten Capital Employed.

Unsere Steuerungskennzahlen beziehen sich übrigens nicht nur auf das operative Geschäft. Zum Management unserer Kapitalstruktur verwenden wir seit kurzem eine neue Steuerungsgröße, den so genannten »Debt Factor«. Dieser beschreibt das Verhältnis zwischen der wirtschaftlichen Netto-Verschuldung und dem Adjusted EBITDA. Um eine effizientere Kapitalstruktur zu erreichen, hat E.ON als Zielgröße einen Debt Factor von 3 festgelegt. Liegt der Debt Factor – wie derzeit – deutlich unter der Zielgröße, soll die Verschuldung erhöht werden, zum Beispiel durch eine höhere Ausschüttungsquote, Sonderdividenden oder Aktienrückkäufe. Priorität haben aber immer wertschaffende Investitionen.

Sie sprechen von einem »Adjusted« EBIT. Können Sie konkretisieren, was Sie hier bereinigen oder ist das eher ein »Betriebsgeheimnis«?

Dr. Bernd Haeger: Am »Adjusted EBIT« gibt es überhaupt nichts Geheimnisvolles. Wir verwenden für Zwecke der internen Steuerung und zur Messung der nachhaltigen Performance eine Ergebnisziffer, die um bestimmte außergewöhnliche Effekte bereinigt wird. Hierzu zählen insbesondere Buchgewinne und -verluste aus Desinvestitionen, Restrukturierungsaufwendungen sowie sonstige nicht operative Aufwendungen und Erträge mit einmaligem beziehungsweise seltenem Charakter. In unserem Geschäftsbericht und im Konzernabschluss haben wir die Ermittlung des »Adjusted EBIT« einschließlich der Bereinigungsposten ausführlich erläutert. Außerdem wird diese Ergebnisgröße auf das IFRS-Ergebnis der GuV (Gewinn- und Verlustrechnung) explizit übergeleitet. Sie sehen also, wir legen im Umgang mit unserer zentralen internen Steuerungsgröße auch in der externen Kommunikation großen Wert auf Transparenz.

Können Sie die IFRS-Zahlen unmittelbar in die interne Steuerung übernehmen? Oder gibt es auch nicht controllinggerechte Einflüsse, zum Beispiel aus der Fair-Value-Bilanzierung?

Dr. Bernd Haeger: Das IFRS-Ergebnis ist bei uns zunächst einmal die verbindende Brücke zwischen externer und interner Rechnungslegung. Allerdings kann das IFRS-Ergebnis nicht unkorrigiert für Steuerungszwecke verwendet werden. Dies ist in der Tat unter anderem darauf zurückzuführen, dass in der internationalen Rechnungslegung ein deutlicher Trend hin zum Fair-Value-Accounting zu beobachten ist. Das Fair-Value-Konzept führt ja letztlich dazu, dass rein stichtags- und damit zufallsbedingte Marktwertschwankungen, die vom Management nicht beeinflussbar sind, unmittelbar im Abschluss abgebildet werden müssen. Die Schwankungen der Fair Values können dabei erheblich sein und sich – so zum Beispiel im Rahmen der Derivate-Bilanzierung – auf die GuV oder Kapitalbasis eines multinationalen Konzerns wie E.ON schnell in dreistelliger Millionenhöhe auswirken. Der Ausweis einer nachhaltigen, das heißt im Zeitablauf möglichst prognosefähigen Ergebnis- und Wertentwicklung wird dadurch natürlich verzerrt, sowohl in der externen wie internen Berichterstattung. Eine aufgrund von Marktbewertungseffekten stark volatile GuV und Kapitalbasis ist jedoch für Zwecke der internen Steuerung unbrauchbar beziehungsweise nur mit Modifikationen verwendungsfähig. Wir sehen daher die dringende Notwendigkeit, bestimmte Fair-Value-Effekte – oder wie Sie es formulieren »nicht controllinggerechte« Einflüsse – wieder zu bereinigen. Das haben wir aber auch im Geschäftsbericht ausführlich dargestellt, und dies wird vom Kapitalmarkt nicht nur verstanden, sondern sogar begrüßt.

Wie verändert sich das Rollenverständnis von Controllern und Rechnungswesen? Wie arbeiten die beiden Bereiche bei E.ON zusammen? Gibt es bei E.ON schon den »Biltroller«?

Dr. Bernd Haeger: Das Rollenverständnis der Bilanzierer und Controller wird sich durch die Internationalisierung der Rechnungslegung sicherlich verändern. Ich glaube, wir haben hier einen Trend, dass der Controller immer weniger auf kalkulatorische Daten, sondern zunehmend auf die Zahlenwelt der externen Rechnungslegung zurückgreift, aus der durch Adjustierung die steuerungsrelevanten Daten abgeleitet werden. Der Bilanzierer liefert damit quasi die Basis für die Steuerung; er muss aber auch das operative Geschäft verstehen, um zum Beispiel die Entwicklung der GuV- und Bilanzposten oder des Cashflows besser plausibilisieren zu können. Der Controller liefert heute zunehmend unmittelbar abschlussrelevante Daten. Dafür gibt es zahlreiche Beispiele, etwa im Rahmen der Ermittlung von Fair Values oder der Abgrenzung von cash generating units. Die Durchführung von Impairment-Tests ist ja im Grunde auch nichts anderes als eine kleine Unternehmensbewertung, für die unser Controlling über die entsprechenden Instrumente zur Ermittlung künftiger Zahlungsströme verfügt. Der Controller muss sich aber auch mit den Grundlagen der internationalen Rechnungslegung auseinandersetzen, sonst kann er potenzielle Auswirkungen auf die Steuerungskennzahlen nicht frühzeitig erkennen, wodurch die Prognosefähigkeit zwangsläufig leidet.

Im Ergebnis erwarte ich eine starke Annäherung beider Bereiche, und vielleicht entsteht mittelfristig mit dem »Biltroller« sogar ein neues, interessantes Berufsbild, das beide Facetten abdeckt: Bilanzierung und Controlling. Wir haben bei E.ON zwar noch nicht den »Biltroller«, beide Fachbereiche arbeiten aber sehr intensiv zusammen. Beispiele hierfür sind unter anderem regelmäßige Informationsveranstaltungen, gemeinsame Review-Meetings mit den Konzernunternehmen oder die vor jedem Abschluss stattfindende Besprechung von Bilanzierungssachverhalten einschließlich der Beurteilung ihrer Auswirkungen auf unser Ergebnis.

E.ON besitzt rund 500 Tochtergesellschaften. Wie gelingt es Ihnen, die Compliance von Controlling und Finanzberichterstattung auch IT-technisch zu realisieren?

Dr. Bernd Haeger: Die Informationsbedürfnisse für Zwecke der externen und internen Rechnungslegung sind in den letzten Jahren ständig gestiegen. Die Generierung und Verarbeitung sämtlicher Informationen erfordert ein professionelles Informationsmanagement. Aus diesem Grund haben wir Anfang des letzten Jahres mit dem Konsolidierungs- und Reportingsystem SAP SEM (Strategic Enterprise Management®) erfolgreich eine integrierte Finanzplattform konzernweit implementiert. Die wesentlichen Merkmale dieser Finanzplattform sind zum Beispiel die Erfassung aller Ist-, Forecast-, Budget- und Plandaten in einem harmonisierten Konzern-Kontenplan mit harmonisierten Berichtsterminen. Im Ergebnis war die Einführung dieser Finanzplattform für uns ein wichtiger Schritt in Richtung Compliance; durch sie haben wir die Qualität unserer Finanzberichterstattung weiter verbessert und unsere Prozesse effizienter gestaltet – für mich ist auch das ein ganz wesentlicher Beitrag zur weiteren Harmonisierung von Rechnungswesen und Controlling.

Herr Dr. Haeger, welchen Ratschlag würden Sie einem Unternehmen auf den Weg geben wollen, das heute die Integration der externen und internen Rechnungslegung noch vor sich hat?

Dr. Bernd Haeger: Hierfür gibt es sicherlich kein Patentrezept; das muss vielmehr unternehmensindividuell gestaltet werden. Bei E.ON haben wir die Erfahrung gemacht, dass für eine erfolgreiche Harmonisierung im Wesentlichen zwei Parameter sehr hilfreich sind. Dazu gehört einerseits eine gemeinsame Zahlenwelt, zum Beispiel auf der Basis von IFRS, aus der sich die steuerungsrelevanten Informationen direkt ergeben oder mit nachvollziehbaren Modifikationen ableiten lassen. Andererseits ist auch die Implementierung eines professionellen Informationsmanagements ein wichtiger Erfolgsfaktor. Dazu gehören die intensive Kommunikation zwischen Rechnungswesen und Controlling sowie IT-gestützte Datenerhebungs- und -verarbeitungsprozesse auf einer gemeinsamen Finanzplattform.

(Nachdruck aus *Accounting* 9/2007 mit freundlicher Genehmigung der Redaktion. Das Interview führte Prof. Dr. Barbara E. Weißenberger.)

3 Bilanzierung von Unternehmenserwerben nach IFRS 3 und IAS 36

Wir haben Ihnen im vorherigen Kapitel dieses Bandes an einer Reihe von Bilanzierungs- und Finanzberichtsaspekten gezeigt, wie stark Controlling und IFRS-Finanzberichterstattung verzahnt sind. Im Folgenden fokussieren wir uns nun auf einen Bereich, in dem sich diese Verzahnung besonders deutlich bemerkbar macht, nämlich Unternehmenszusammenschlüsse und ihre Abbildung im Rechnungswesen. Die dabei relevanten Standards IFRS 3 (Business Combinations) und IAS 36 (Impairment of Assets) stellen Paradebeispiele für IFRS-Vorschriften dar, die direkt und unmittelbar das interne Rechnungswesen berühren und so komplexe Herausforderungen für das Controlling begründen. Dabei dürfte dieser Bereich alle Unternehmen mehr oder minder stark berühren. Gleichzeitig investieren Experten im Rechnungswesen der Unternehmen und in der Wirtschaftsprüfung weiterhin viel Zeit und Arbeit in die konkrete Umsetzung der entsprechenden IFRS-Regeln, und es mangelt bis heute an einer gemeinhin akzeptierten »best practice« dieser Standards. In einer jüngeren, international angelegten Studie zum (Mergers and Acquisitions (M&A) -Accounting wurde zudem festgestellt, dass gerade die Anwendung von IFRS 3 und die in diesem Zusammenhang durchzuführende Kaufpreisallokation die nach IFRS bilanzierenden Unternehmen vor eine Vielzahl von Problemen stellen (vergleiche Glaum/Street/Vogel 2007, S. 32). Darüber hinaus ist das entsprechende IASB-Projekt »Business Combinations«, das umfangreiche Änderungen und Neuregelungen noch offener Punkte erwarten lässt, bis heute noch nicht abgeschlossen. Der Diskussionsbedarf bleibt damit weiterhin hoch.

Im Folgenden werden wir Ihnen die Vorschriften in IFRS 3 und IAS 36 – mit Schwerpunkt auf den controllingrelevanten Aspekten – vorstellen, um darauf aufbauend in den Kapiteln 4 bis 7 dieses Bandes aufzuzeigen, wie Controlling und Bilanzierung an diesen Schnittstellen zusammenarbeiten können – und müssen.

Formen der Unternehmenszusammenschlüsse und Erwerberidentifikation

Die Bilanzierung von Unternehmenszusammenschlüssen richtet sich nach IFRS 3 (Business Combinations), der am 31.3.2004 verabschiedet wurde und den bis dahin gültigen IAS 22 ersetzt. Unter einem Unternehmenszusammenschluss

Es gibt noch keine »best practice« zur Umsetzung der IFRS-Regulierungen zur bilanziellen Abbildung von Unternehmenserwerben

Es lassen sich drei rechtliche Formen von Unternehmenszusammenschlüssen differenzieren: »asset deals«, »share deals« und Fusionen

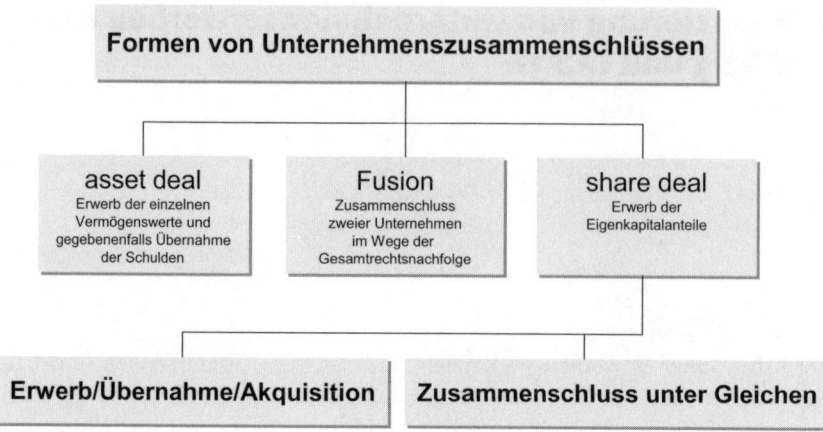

Abbildung 5: Ausgestaltungsformen von Unternehmenszusammenschlüssen (Quelle: Pellens/Fülbier/Gassen 2006, S. 652)

Die bilanzielle Darstellung von Unternehmenszusammenschlüssen nach IFRS 3 richtet sich nach der Erwerbsmethode

versteht IFRS 3 dabei jegliche Zusammenführung zweier separater Unternehmen (entities) oder Geschäftsbereiche (businesses) zu einem berichterstattenden Unternehmen (reporting entity). In rechtlicher Hinsicht lassen sich drei verschiedene Formen von Unternehmenszusammenschlüssen unterscheiden (siehe Abbildung 5). Die ersten beiden Formen werden gemeinhin unter der Überschrift der »asset deals« zusammengefasst und zielen auf die Einzelrechts- und Gesamtrechtsnachfolge beim erworbenen Unternehmen ab. Unter der Einzelrechtsnachfolge (»asset deal« im eigentlichen Sinne) versteht man den Erwerb einzelner Vermögenswerte und Schulden eines Unternehmens durch ein anderes, zum Beispiel beim Erwerb einzelner rechtlich unselbstständiger Geschäftsbereiche. Die Gesamtrechtsnachfolge kennzeichnet eine Fusion als Zusammenschluss zweier Unternehmen. Hier werden demnach zwei rechtlich selbstständige Unternehmen zu einem neuen zusammengeschlossen. Anders ist dies bei dem »share deal«. Hier erwirbt ein Unternehmen Eigenkapitalanteile eines anderen Unternehmens, ohne Letzteres in seiner Rechtsexistenz zu beeinflussen. Damit bleiben die beiden Unternehmen rechtlich selbstständig, bilden allerdings eine Art wirtschaftlicher Einheit. Dabei ist zwischen zwei Untergruppen zu unterscheiden: dem Erwerb beziehungsweise der Übernahme eines Unternehmens – hierbei steht der Erwerber eindeutig fest – und dem Zusammenschluss unter Gleichen (merger of equals).

IFRS 3 legt bei seiner bilanziellen Darstellung von Unternehmenszusammenschlüssen allein die Erwerbsmethode (purchase method) zugrunde. Dementsprechend kann beziehungsweise muss bei Unternehmenszusammenschlüssen der eine Partner stets als Erwerber und der andere Partner stets als Erworbener auftreten. Eine bilanzielle Abbildung der Transaktion als Fusion beziehungsweise Zusammenschluss unter Gleichen – früher als Interessenzusammenführung (pooling-of-interest) be-

**Exkurs 2: Zum Begriff »umgekehrter Unternehmenserwerb«
(reverse acquisition)**

Ein umgekehrter Unternehmenserwerb ist eine spezielle Form der Kauftransaktion, bei der die juristisch als Tochterunternehmen einzuordnende Gesellschaft (legal acquiree) aus wirtschaftlicher Sichtweise aber der Erwerber (economic acquirer) ist. Ein derartiges Vorgehen wird häufig von nicht börsennotierten Unternehmen genutzt, um durch den Zusammenschluss mit einem bereits börsennotierten Unternehmen auf vergleichsweise einfache Art und Weise einen Börsenzugang zu erlangen, ohne aufwendige und kostenbehaftete Börsenzulassungsverfahren zu durchlaufen.

Das folgende Beispiel soll das Vorgehen beim umgekehrten Unternehmenserwerb veranschaulichen: Die große, aber nicht börsennotierte A GmbH möchte über die kleine und unbedeutende, aber börsennotierte B AG selbst einen Börsenzugang erreichen. Wenn sich beide Unternehmen einig sind, erwirbt die B AG die A GmbH und zahlt deren Gesellschafter mit neu emittierten Aktien (Kapitalerhöhung gegen Sacheinlage, nämlich die Anteile der A GmbH) aus. Während rechtlich gesehen also die Anteile der A GmbH jetzt im Eigentum der B AG liegen, haben die ehemaligen Gesellschafter der A GmbH bei der B AG jetzt jedoch gegenüber den Altaktionären die Mehrheit. Wirtschaftlich gesehen erwirbt so die A GmbH (beziehungsweise streng genommen deren Eigentümer) die B AG.

zeichnet – ist nach IFRS 3 nicht mehr erlaubt.

Als Erwerber gilt grundsätzlich dasjenige Unternehmen, das die Beherrschungsmöglichkeit (control) über das andere am Zusammenschluss beteiligte Unternehmen erlangt (IFRS 3.17). Kann der Erwerber nicht eindeutig identifiziert werden, so sind gemäß IFRS 3.20 verschiedene Kriterien zur Bestimmung des Erwerbers heranzuziehen. Wichtige Hinweise auf die Identifikation des Erwerbes können dabei durch einen Vergleich der Größe beider Unternehmen, durch einen finanziellen Stimmen- und Eigenkapitalerwerb durch ein Unternehmen oder durch die infolge des Zusammenschlusses von einem Unternehmen dominierte Besetzung der Führungsgremien gegeben werden.

Schwieriger gestaltet sich die Bestimmung des erwerbenden Unternehmens im Fall eines Anteilstausches, bei der Gründung eines neuen Unternehmens oder beim umgekehrten Unternehmenserwerb (reverse acquisition; siehe Exkurs 2), da hier die juristische und wirtschaftliche Sichtweise des Unternehmenszusammenschlusses differieren.

IFRS 3.21 sieht vor, im Falle umgekehrter Unternehmenserwerbe das rechtliche Tochterunternehmen als (wirtschaftlichen) Erwerber zu qualifizieren, »wenn es die Möglichkeit hat, die Finanz- und Geschäftspolitik des rechtlichen Mutterunternehmens zu bestimmen, um Nutzen aus dessen Geschäftstätigkeit zu ziehen«. Im Allgemeinen wird dabei das größere Unternehmen als Erwerber angesehen (vergleiche weiterführend auch IFRS 3, Anhang B).

Im Falle der Gründung eines neuen Unternehmens, das die Anteile der beiden sich zusammenschließenden Unternehmen erwirbt, muss eines der beiden ursprünglichen Unternehmen als Erwerber identifiziert werden. Dabei ist es unerheblich, welches der ursprünglichen Unternehmen diese Rolle einnehmen soll. Wichtig ist nur, dass nicht das neu gegründete Unternehmen die Position des bilanziellen Erwerbers einnimmt. Somit liegt hier ein gewisser Ermessensspielraum vor (vergleiche zum Beispiel Senger/Brune/Elprana 2006, Rz. 31 ff.). Schließen sich mehr als zwei Unternehmen zusammen, ist der Erwerber unter anderem anhand eines relativen Größenvergleichs zu ermitteln (vergleiche Pellens/Fülbier/Gassen 2006, S. 680 ff.).

> Der Konzernabschluss stellt die Vermögens-, Finanz- und Ertragslage der wirtschaftlichen Einheit »Konzern« dar

Grundgedanke der Konzernrechnungslegung und der Erwerbsmethode

Unternehmenszusammenschlüsse wirken sich je nach rechtlicher Ausgestaltung auf Einzel- und/oder Konzernabschluss aus. Die im Rahmen eines »asset deal« im Zuge der Einzel- oder Gesamtrechtsnachfolge erworbenen Positionen werden bereits im Einzelabschluss des Erwerbers mittels der Erwerbsmethode abgebildet. In den Konzernabschluss werden diese Werte später einfach übernommen, so dass hier kein Unterschied zwischen Einzel- und Konzernabschluss entsteht.

Demgegenüber führt der »share deal« zu Unterschieden. Während der Einzelabschluss des Erwerbers lediglich den Erwerb einer Beteiligung im Finanzanlagevermögen abbildet, folgt der Konzernabschluss der Erwerbsmethode und zeigt die Übernahme aller Vermögenswerte und Schulden im Sinne der Einzelerwerbsfiktion (Busse von Colbe et al. 2006, S. 201 ff.). Diese Konzernabschlussperspektive wird im Folgenden allein eingenommen, so dass wir uns auf den »share deal« beschränken.

> Die Erwerbsmethode geht nach der Einzelerwerbsfiktion vor: Alle Vermögensgegenstände und Schulden des erworbenen Unternehmens werden einzeln in den Konzernabschluss übernommen

Das Ziel des Konzernabschlusses ist die Darstellung der Vermögens-, Finanz- und Ertragslage des gesamten Konzerns (bestehend aus den am Unternehmenszusammenschluss beteiligten Unternehmen), als ob es sich um eine rechtliche Einheit handeln würde. Im Sinne dieser »Fiktion der rechtlichen Einheit« (Busse von Colbe et al. 2006, S. 25 f. und S. 38-44) bekommt eine als wirtschaftliche Einheit definierte Unternehmensgruppe (Konzern) den Charakter einer fiktiven Rechtsperson. Die einzelnen Unternehmen des Konzerns gelten innerhalb dieser Fiktion nur noch als rechtlich unselbstständige Betriebsstätten. Sie werden vollumfänglich mit allen Vermögenswerten und Schulden einbezogen (Vollkonsolidierung), weil die Konzernspitze über diese Ressourcen letztlich auch vollumfänglich verfügen kann. Es kann allerdings nicht ausreichen, die Einzelabschlüsse der einbezogenen Unternehmen beziehungsweise Betriebsstätten lediglich zusammenzufassen. Konsolidierungsmaßnahmen sind notwendig, um Doppelerfassungen und Zwischenergebnisse auszuschließen, die in einem rechtlich einheitlichen Unternehmen zwischen Betriebsstätten auch nicht auftreten würden (siehe Abbildung 6).

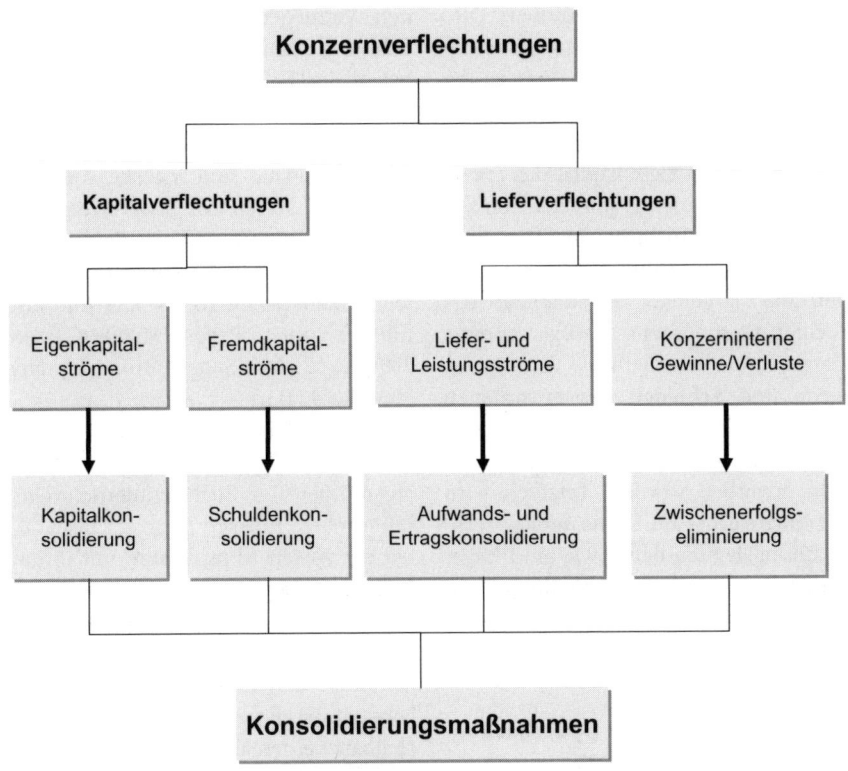

Abbildung 6: Konzernverflechtungen und resultierende Konsolidierungsmaßnahmen
(Quelle: Pellens/Fülbier/Gassen 2006, S. 662)

Die Erwerbsmethode charakterisiert das Vorgehen innerhalb der Kapitalkonsolidierung. Sie ist notwendig, um Eigenkapitalverflechtungen zwischen den einbezogenen Unternehmen zu eliminieren, die bei der Fiktion dieser Unternehmen als rechtlich unselbstständige Betriebsstätten innerhalb des Konzernunternehmens nicht im Konzernabschluss abgebildet werden dürfen. Ein »share deal« führt durch Erwerb der Eigenkapitalanteile des erworbenen Unternehmens zu einem Mutter-Tochter-Verhältnis, wenn der Erwerber dabei auch – wie erwähnt – die Beherrschungsmöglichkeit erlangt. Dieser Erwerber wird regelmäßig als Mutterunternehmen im Sinne von IAS 27 angesehen, der ein Tochterunternehmen wie ein Bündel von Investitionsgütern erwirbt. Die Erwerbsmethode ist also eng mit der Einzelerwerbsfiktion verzahnt, so dass in dem Konzernabschluss der Erwerb des Tochterunternehmens bilanziell wie der einzelne Erwerb sämtlicher Vermögenswerte und Schulden desselben abgebildet wird. Insofern werden sämtliche Bilanzposten des Tochterunternehmens zu Zeitwerten (entsprechend den fiktiven Einzel-Anschaffungskosten) in den

Die Kapitalkonsolidierung ist erforderlich, um die Eigenkapitalverflechtungen zwischen den in den Konzernabschluss einbezogenen Unternehmen zu eliminieren

Konzernabschluss übernommen. Dies geschieht im Zuge der Aufsummierung der Einzelabschlüsse. Allerdings ist der Beteiligungsbuchwert (aus dem Einzelabschluss der Mutter) hierbei ebenso störend wie das Eigenkapital des erworbenen Unternehmens (aus dem Einzelabschluss der Tochter). Insofern wird der bisherige Beteiligungsbuchwert gegen das (anteilige) Eigenkapital des Tochterunternehmens »aufgerechnet«. Damit verbleiben allein die Vermögenswerte und Schulden des erworbenen Tochterunternehmens in der Konzernbilanz, so als seien sie vom Konzern einzeln erworben worden. Letztlich wird der »share deal« auf Ebene der Konzernrechnungslegung damit wie ein fiktiver »asset deal« abgebildet. Abbildung 7 verdeutlicht diese Vorgehensweise noch einmal zusammenfassend.

Kaufpreisallokation (›purchase price allocation‹, PPA)

Im Rahmen der Kaufpreisallokation wird der für die Anteile an dem Tochterunternehmen gezahlte Kaufpreis auf dessen einzelne Vermögensgegenstände und Schulden heruntergebrochen

Getreu der Logik der Erwerbsmethode und der damit einhergehenden Einzelerwerbsfiktion muss der Kaufpreis auf einzelne Vermögenswerte und Schulden des erworbenen Tochterunternehmens heruntergebrochen werden. Hierfür ist in einem ersten Schritt der Kaufpreis zu ermitteln, der für die Anteile an dem Tochterunternehmen entrichtet worden ist. Dieser Kaufpreis wird als Anschaffungskosten der erworbenen Beteiligung interpretiert, der sich auf die einzelnen Anschaffungskosten der Vermögenswerte und Schulden verteilt. Der Kaufpreis setzt sich in der Regel aus den beizulegenden Zeitwerten (Fair Values) sämtlicher als Gegenleistung für die Beherrschungsmöglichkeit übertragenen Vermögenswerte beziehungsweise Schulden zusammen (IFRS 3.24 (a)). Dabei ist der Tausch- beziehungsweise Erwerbszeitpunkt maßgeblich für die Ermittlung der beizulegenden Zeitwerte. Darüber hinaus sind jegliche Anschaffungsnebenkosten des Erwerbs der Unternehmensanteile, wie zum Beispiel Notarhonorare, mit in die Anschaffungskosten einzubeziehen (IFRS 3.24 (b); ausführlich auch Pellens/Fülbier/Gassen 2006, S. 682-685; Senger/Brune/Elprana 2006, Rz. 42 ff.).

Hat das Mutterunternehmen eigene Anteile als Gegenleistung an die Alteigentümer des Tochterunternehmens hingegeben, müssen diese als Bestandteil der Anschaffungskosten mit ihrem beizulegenden Zeitwert berücksichtigt werden. IFRS 3.27 geht in der Regel davon aus, dass der Börsenkurs im Tauschzeitpunkt den beizulegenden Zeitwert abbildet. Ist dieser allerdings nicht feststellbar, werden alternative Bewertungsmethoden notwendig.

In einem zweiten Schritt sind die zuvor ermittelten Anschaffungskosten der Beteiligung den jeweiligen erworbenen Vermögens- und Schuldpositionen zuzuordnen. Dieser Vorgang wird auch als Kaufpreisallokation (purchase price allocation/PPA, auch »allocating the cost of a business combination«) bezeichnet. Hierfür sind zunächst alle identifizierbaren Vermögenswerte, Schulden und Eventualschulden des erworbenen Tochterunternehmens mit ihren beizulegenden Zeitwerten im Erwerbszeitpunkt anzusetzen. Dabei ist in Ausnahmefällen denkbar, dass erst durch den Unternehmenszusammenschluss die Ansatzvoraussetzungen für bestimmte Vermögenswerte oder Schulden verwirklicht

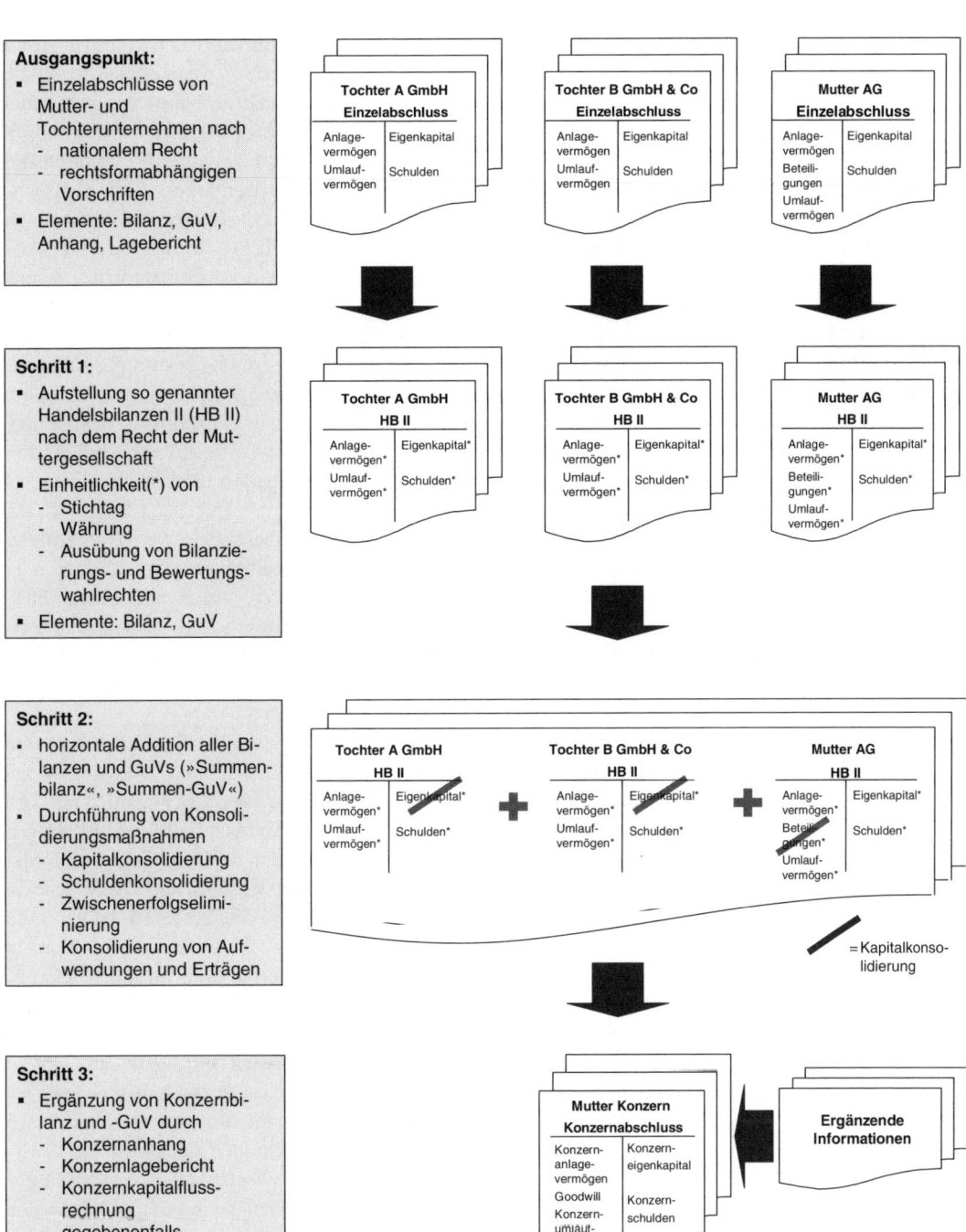

Abbildung 7: Vorgehensweise der Kapitalkonsolidierung

Die Identifikation aller im Erwerbszeitpunkt vorhandenen Vermögenswerte und Schulden erfolgt schrittweise

werden. Da sämtliche Vermögenswerte und Schulden des erworbenen Tochterunternehmens somit einer erneuten Bewertung unterzogen werden, ist diese Vorgehensweise auch als Neubewertungsmethode bekannt.

Die Identifikation aller im Erwerbszeitpunkt vorhandenen Vermögenswerte und Schulden erfolgt schrittweise (IFRS 3.37). Für die materiellen und finanziellen Vermögenswerte ist zunächst zu prüfen, inwieweit dem Erwerber aus diesen Vermögenswerten wahrscheinlich zukünftige ökonomische Vorteile entstehen und zufließen werden und inwiefern diese Vorteile beziehungsweise ihr beizulegender Zeitwert auch verlässlich bestimmbar sind (IFRS 3.37 (a)). Spiegelbildlich hierzu erfordert die Passivierung einer Schuld, die keine Eventualschuld ist, dass sie einen verlässlich bestimmbaren und wahrscheinlichen Abfluss zukünftigen ökonomischen Nutzens für den Erwerber darstellt (IFRS 3.37 (b)). Allerdings dürfen nur solche Schulden erfasst werden, die bereits im Erwerbszeitpunkt beim Tochterunternehmen existiert haben (IFRS 3.41). Damit wird insbesondere der extensiven Bildung so genannter Restrukturierungsrückstellungen vorgebeugt. Diese dürfen nur passiviert werden, wenn sie bereits beim Tochterunternehmen in Einklang mit IAS 37 angesetzt worden sind (IFRS 3.41(a)). Für immaterielle Vermögenswerte ist ebenfalls immer dann eine Aktivierung erforderlich, wenn sie zum beizulegenden Zeitwert verlässlich bestimmbar sind (IFRS 3.37 (c)). IFRS 3 übernimmt hierbei die Definitionskriterien zur Bestimmung eines immateriellen Vermögenswertes aus IAS 38 (Intangible Assets). Hiernach

liegt ein immaterieller Vermögenswert immer dann vor, wenn er identifizierbar, nicht monetär und ohne physische Substanz ist (IAS 38.8). Durch das Kriterium der Identifizierbarkeit, konkretisiert durch Separierbarkeit oder rechtliche Verbriefung durch eine vertragliche oder gar gesetzliche Rechtsgrundlage (IAS 38.12), werden immaterielle Vermögenswerte somit vom Goodwill abgegrenzt. Darüber hinaus sind in die Konzernbilanz auch bestimmte immaterielle Vermögenswerte aufzunehmen, die nicht in der Einzelbilanz des Tochterunternehmens angesetzt werden dürfen, weil sie dort unter das explizite Ansatzverbot des IAS 38.63 fallen. Hierzu zählen insbesondere vom Tochterunternehmen selbst erstellte Marken oder Kundenlisten. Auch akquirierte F&E-Projekte (in-process research and development) müssen bei Vorliegen der genannten Voraussetzungen nach IFRS 3.45 aktiviert werden.

Im Zuge der Kaufpreisallokation sind sogar Eventualschulden (contingent liabilities) zu berücksichtigen. Nach IAS 37 handelt es sich hier um künftige Verpflichtungen, deren Vorliegen und/oder Höhe sich bis zum Stichtag noch nicht hinreichend konkretisiert haben (IAS 37.10). Obwohl diese nach IAS 37 nicht zu passivieren sind, nimmt IFRS 3.50 Eventualschulden, die Unternehmenszusammenschlüssen entstammen, von diesem Passivierungsverbot aus. Sofern eine zuverlässige Bewertbarkeit gegeben ist, sind im Konzernabschluss auch Eventualschulden zu passivieren.

Es bleibt festzuhalten, dass im Ergebnis alle Vermögenswerte und Schulden des Tochterunternehmens, die den IFRS-Ansatzkriterien genügen, separat zu ihren beizulegenden Zeitwerten zu erfassen sind. Anzusetzen sind insbesondere auch immaterielle Vermögenswerte und sogar Eventualschulden, sofern ihr beizulegender Zeitwert verlässlich messbar ist. Dies gilt jeweils unabhängig davon, ob sie in dem Einzelabschluss des betroffenen Tochterunternehmens zuvor angesetzt worden sind (IFRS 3.44).

Der nach der Kaufpreisallokation verbleibende, nicht mehr aufteilbare Rest der Kosten des Unternehmenszusammenschlusses ist nach IFRS 3.36 und 3.51 als Goodwill anzusetzen. Dies dürfte der Regelfall sein, weil der Saldo der Zeitwerte der sämtlichen Vermögenswerte und Schulden des erworbenen Unternehmens regelmäßig nicht genau mit den Anschaffungskosten der Beteiligung übereinstimmen dürfte. Sind die Anschaffungskosten der Beteiligung größer als der genannte Saldo, entsteht ein positiver Unterschiedsbetrag, der als Goodwill beziehungsweise Geschäfts- oder Firmenwert bezeichnet und in der Konzernbilanz aktiviert wird (IFRS 3.51). Sollte indes der Wertansatz der separat identifizierbaren Vermögenswerte und (Eventual-)Schulden diese Anschaffungskosten der Beteiligung übersteigen, schreibt IFRS 3.56 eine wiederholte Identifikations- und Bewertungsphase vor, nach der ein sich weiterhin ergebender Differenzbetrag sofort ergebniswirksam zu verrechnen ist.

Goodwill-Interpretation

IFRS 3 spricht dem Goodwill einen Vermögenswertcharakter zu, obwohl er sich als Residualgröße im Zuge der Kaufpreisallokation und nicht durch eine eigenständige Ermittlung eines beizulegenden Zeitwerts ergibt (vergleiche Pellens/Fülbier/Gassen 2006, S. 688). Generell sind vier Bestandteile des Goodwills denkbar, die Abbildung 8 entnommen werden können.

Der Going-Concern-Goodwill bildet jene künftigen Erträge ab, die der Erwerber mit Hilfe des Zusammenschlusses zu generieren plant. Sie entstehen aus nicht bilanzierungsfähigen Werten des erworbenen Unternehmens, wie zum Beispiel dem Kundenstamm oder hochqualifiziertem Management, die die Erwirtschaftung künftiger Erträge bewirken sollen. Er ergibt sich aus der Differenz des Gesamtbewertungsbetrags des erworbenen Unternehmens abzüglich der vorhandenen Vermögenswerte und zuzüglich bestehender Schulden. Diese Goodwill-Komponente deckt den originären Goodwill des erworbenen Unternehmens ab, den dieses in seinem Einzelabschluss nicht ansetzen durfte.

Von einem Restrukturierungs-Goodwill spricht man immer dann, wenn infolge des Unternehmenszusammenschlusses nicht betriebsnotwendige Ressourcen abgebaut werden können, da einzelne Ressourcen effizienter genutzt werden oder eine intensivere Konzentration auf das Kerngeschäft erfolgt.

Der Synergie-Goodwill beschreibt jenen Betrag, den der Erwerber für Skalen- und Verbundeffekte, die er sich aus dem Zusammenschluss erhofft, zu zahlen bereit ist. Der Strategie-Goodwill ist schließlich derjenige Teil des Goodwills, der weniger greifbar als die übrigen ist. Generell kann man darunter denjenigen Anteil des Kaufpreises subsumieren, den der Erwerber für neu hinzugewonnene Handlungsalternativen ausgibt.

Alle Vermögenswerte und Schulden des Tochterunternehmens, die den IFRS-Ansatzkriterien genügen, sind separat zu ihren beizulegenden Zeitwerten zu erfassen

Obwohl es sich um eine Residualgröße handelt, spricht IFRS 3 dem Goodwill Vermögenswertcharakter zu

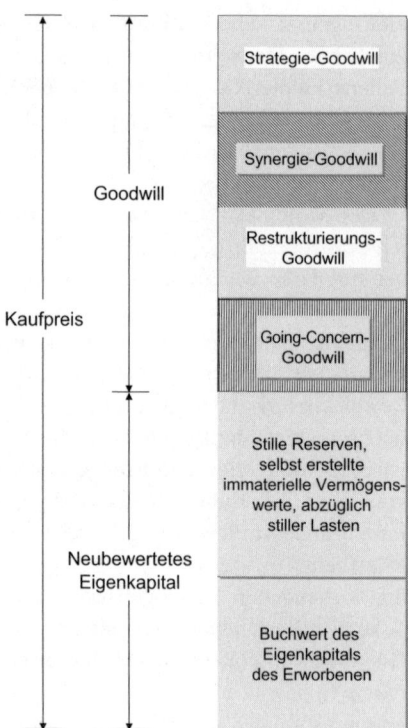

Abbildung 8: Komponenten eines positiven Unterschiedsbetrags (Quelle: in Anlehnung an Sellhorn 2000, S. 885-892 und Weißenberger 2007a, S. 316)

Ein negativer Unterschiedsbetrag entsteht, wenn die Anschaffungskosten des erworbenen Unternehmens geringer als der Saldo des neu bewerteten Nettovermögens sind

Werden durch den Unternehmenszusammenschluss beispielsweise die Eintrittsbarrieren eines lukrativen, neuen Marktes überwunden, ist der Erwerber möglicherweise dazu bereit, einen höheren Kaufpreis für die jeweilige Beteiligung in Kauf zu nehmen (vergleiche Pellens/Fülbier/Gassen 2006, S. 667 f. sowie Crasselt/Tomaszewski 1999; zur Begriffsbestimmung des Goodwills vergleiche auch Küting 2005, S. 2757 ff.; zur Bedeutung des Goodwills in den deutschen DAX-Konzernen vergleiche die Ausführungen von Küting 2007, S. 2025 ff.).

Ein negativer Unterschiedsbetrag, der dann entsteht, wenn die Anschaffungskosten des erworbenen Unternehmens geringer sind als der Saldo aus neu bewerteten Vermögenswerten und Schulden, lässt sich gleichwohl schwieriger erklären als der positive Unterschiedsbetrag beziehungsweise Goodwill. Daher schreibt IFRS 3.56 (a) bei Entstehen eines negativen Unterschiedsbetrags im Rahmen der Kaufpreisallokation zunächst ein so genanntes »Reassessment« vor. Das bedeutet, dass sämtliche bisher durchgeführten Schritte der Kaufpreisermittlung und Bestimmung der Ansatzvoraussetzungen der Vermögenswerte und Schulden des erworbenen Unternehmens sowie deren Wertansätze nochmals durchzuführen sind. Der Standard geht somit davon aus, dass ein negativer Unterschiedsbetrag eigentlich nicht entstehen kann und vorwiegend auf (Rechen-)Fehlern beruht. Sofern aber auch bei diesem

»Reassessment« weiterhin ein negativer Unterschiedsbetrag entsteht, ist dieser als Ertrag zu vereinnahmen. Diese Vorgehensweise geht auf die Annahme zurück, dass ein negativer Unterschiedsbetrag schließlich Ausdruck eines so genannten »lucky buys« sein kann, das heißt durch das Verhandlungsgeschick des Erwerbers entsteht, der den Verkäufer dazu bringt, sein Unternehmen »unter Wert« zu verkaufen.

Kapitalkonsolidierung unter Berücksichtigung von Minderheiten

Für die Einbeziehung eines erworbenen Unternehmens in den Konzernabschluss der Mutter im Rahmen der Vollkonsolidierung ist – wie bereits beschrieben – das Erlangen der Beherrschungsmöglichkeit der Tochter maßgeblich. Diese Beherrschungsmöglichkeit ist dabei nicht zwangsweise an einen 100%igen Anteilserwerb geknüpft, sondern kann auch bei einer geringeren Beteiligungsquote vorliegen. In diesen Fällen sind bei Durchführung der Kapitalkonsolidierung – aber auch der anderen Konsolidierungsschritte – stets auch die Minderheitsgesellschafter zu berücksichtigen. Die Art und Weise, wie mit diesen Minderheitsgesellschaftern zu verfahren ist, hängt dabei von alternativen Sichtweisen ab (Einheitstheorie versus Interessentheorie; vergleiche ausführlich Busse von Colbe et al. 2006, S. 24-26).

Geht man von der Einheitstheorie (entity theory) aus, die sich auch deutlich in IFRS 3 widerspiegelt, werden die Minderheitsgesellschafter als Eigenkapitalgeber des Konzerns betrachtet. Hieraus folgt, dass die ihnen zurechenbaren Anteile als separater Eigenkapitalbestandteil in der Konzernbilanz geführt werden. Die Interessentheorie (parent company theory) betrachtet den Konzern demgegenüber aus dem Blickwinkel des Mutterunternehmens. Folglich werden die Minderheitsgesellschafter in diesem Fall als außenstehende Kapitalgeber angesehen. Ihre Anteile werden somit als Verbindlichkeit außerhalb des Konzerneigenkapitals ausgewiesen. Kaum ein Rechnungslegungssystem ist vollumfänglich nach der einen oder anderen Theorie ausgestaltet; meist kombinieren sich Elemente der Einheitstheorie mit denen der Interessentheorie.

Wird die Kapitalkonsolidierung in Form der Neubewertungsmethode als Ausprägung der Erwerbsmethode durchgeführt, ergeben sich bei Vorhandensein von Minderheiten folgende Konsequenzen: Wie im Fall des 100%igen Anteilsbesitzes werden alle Vermögenswerte und Schulden des erworbenen Unternehmens mit ihren Zeitwerten angesetzt. Hieraus folgt, dass auch die den Minderheitsgesellschaftern anteilig zurechenbaren stillen Reserven und Lasten aufgedeckt werden. Dementsprechend müssen diese Werte auf der Passivseite als Minderheitenanteil (als Eigenkapitalbestandteil) angeführt werden. Im Gegensatz hierzu werden bei der Ermittlung des positiven beziehungsweise negativen Unterschiedsbetrages die Minderheitenanteile indes nicht mehr berücksichtigt, das heißt der Goodwill-Minderheitenanteil wird eben nicht aufgedeckt. Diese Diskrepanz ist vom IASB übrigens zum Anlass genommen worden, über die Aufdeckung dieses Minderheitenanteils am Goodwill (Full-Goodwill-Methode; siehe Exkurs 3)

Tochterunternehmen, deren Anteile nicht zu 100 % im Besitz des Mutterunternehmens stehen, sind unter Berücksichtigung der Minderheitsgesellschafter zu konsolidieren

Bei der Neubewertungsmethode müssen auch die den Minderheitsgesellschaftern zurechenbaren stillen Reserven und Lasten aufgedeckt werden

Exkurs 3: Die Full-Goodwill-Methode

Im Rahmen des Projekts »Business Combinations« plant das IASB, in der künftigen Fassung des IFRS 3 die Anwendung der so genannten »full-goodwill method« zu fordern.

Ausgangspunkt für die Kaufpreisallokation ist dann nicht mehr der tatsächlich gezahlte Kaufpreis, sondern der Zeitwert (Fair Value) des erworbenen Unternehmens zum Kaufzeitpunkt. Dieser entspricht immer dann nicht dem Kaufpreis, wenn ein Anteil von weniger als 100 % erworben wurde, das heißt wenn Minderheitsgesellschafter weitere Anteile des erworbenen Unternehmens halten.

Für die Erstkonsolidierung bedeutet dies, dass der in der Konzernbilanz ausgewiesene Goodwill nicht nur den Unterschiedsbetrag enthält, den der Erwerber über den Zeitwert des anteilig erworbenen Reinvermögens hinaus zahlt, sondern auch den zum Kaufzeitpunkt vorhandenen Goodwill, der auf die Minderheitsgesellschafter entfallen würde. Der korrespondierende Ausgleichsposten hierzu findet sich dann in der Position »Anteile anderer Gesellschafter« auf der Passivseite der Konzernbilanz.

Folgendes Beispiel soll die Full-Goodwill-Methode erläutern (vergleiche ausführlich Pellens/Basche/Sellhorn 2003, S. 1 f. sowie Pellens/Fülbier/Gassen 2006, S. 671 ff. und 714):

Die C AG erwirbt 80 % der D GmbH für einen Kaufpreis von 100 Millionen Euro. Der Zeitwert der Vermögenswerte und Schulden der D GmbH liegt annahmegemäß netto bei insgesamt 120 Millionen Euro.

Nach der bisher geltenden Neubewertungsmethode ergibt sich in der Bilanz des C-Konzerns zum einen ein Anteil der Minderheitsgesellschafter der D GmbH am Reinvermögen von 24 Millionen Euro (20 % von 120 Millionen Euro), zum anderen ein Goodwill von 4 Millionen Euro, da dem Kaufpreis von 100 Millionen Euro, den die C AG gezahlt hat, ein anteiliger Wert des Reinvermögens von nur 96 Millionen Euro (80 % von 120 Millionen Euro) gegenübersteht.

Nach der Full-Goodwill-Methode muss im ersten Schritt eine Bewertung der gesamten D GmbH zum Zeitwert stattfinden und diese als Kaufpreis angesetzt werden. Ergibt eine Discounted-Cashflow-Bewertung hier zum Beispiel einen Unternehmenswert von 125 Millionen Euro, ergibt sich daraus ein im Konzernvermögen auszuweisender »full goodwill« von 5 Millionen Euro (vorher 4 Millionen Euro), von dem 1 Million Euro nach der hier vorliegenden Berechnung auf die Minderheitsaktionäre der D GmbH entfallen, der »Anteil anderer Gesellschafter« auf der Passivseite steigt dementsprechend um 1 Million Euro auf 25 Millionen Euro.

Das Beispiel lässt nicht nur ahnen, dass die Full-Goodwill-Methode die Kaufpreisallokation nicht nur aus Sicht der Bilanzierer und Wirtschaftsprüfer erheblich erschwert, sondern durch die erforderliche Fair-Value-Bewertung des erworbenen Unternehmens zum Akquisitionszeitpunkt auch zusätzlichen Input aus dem Controllerbereich – zum Beispiel durch die Bereitstellung beziehungsweise Plausibilisierung von Planungsrechnungen – erforderlich machen wird.

im Rahmen des IASB-Projekts »Business Combinations – Phase II« nachzudenken. Diese einheitstheoretisch konsequente Methode geht allerdings mit einer von der Kaufpreisbestimmung losgelösten Unternehmensbewertung einher, um den vollen Goodwill ermitteln zu können.

Zum Verständnis erscheint es angebracht, die unterschiedliche Behandlung der Minderheiten einmal tabellarisch zu differenzieren und unterschiedlichen Methoden zuzuordnen (siehe Abbildung 9). Hierbei ist von zentraler Bedeutung, dass IFRS 3 ausschließlich die Neubewertungsmethode verlangt, während die zum Beispiel nach § 301 HGB mögliche Buchwertmethode verboten ist. Bei der Buchwertmethode werden die stillen Reserven und Lasten nur anteilig aufgedeckt, soweit sie vom Mutterunternehmen auch erworben worden sind. Auch die Anwendung der Full-Goodwill-Methode, also die Aufdeckung sämtlicher stiller Reserven und Lasten einschließlich des vollen Goodwills, ist noch Zukunftsmusik und demnach derzeit noch nicht erlaubt.

Der Vollständigkeit halber sind in dieser Übersicht auch zwei Methoden angeführt worden, die keine Ausprägung der Erwerbsmethode mehr darstellen: Die Pooling-of-interest-Methode (Interessenzusammenführungsmethode) und die Fresh-Start-Methode. Konzeptionell gehen beide Methoden davon aus, dass der abzubildende Unternehmenszusammenschluss nicht infolge eines Erwerbsvorgangs, sondern durch den Zusammenschluss unter Gleichen vollzogen wird. Die Pooling-of-interest-Methode – in § 302 HGB noch vorgesehen – ist jedoch mit Einführung von IFRS 3 abgeschafft worden, da das Nebeneinander zweier unterschiedlicher Methoden zur Abbildung von Unternehmenszusam-

Die Buchwertmethode deckt nur die dem Mutterunternehmen zurechenbaren stillen Reserven und Lasten auf

Vollkonsolidierungsmethoden	Aufdeckung stiller Reserven und Lasten			Aufdeckung des Goodwills		
KA: Konzernanteil / MI: Minderheitenanteil / TU: Tochterunternehmen / MU: Mutterunternehmen	TU		MU	TU		MU
	KA	MI	KA	KA	MI	KA
pooling-of-interest method	-	-	-	-	-	-
Buchwertmethode	X	-	-	X	-	-
Neubewertungsmethode	X	X	-	X	-	-
full-goodwill method	X	X	-	X	X	-
fresh-start method	X	X	X	X	X	X

Abbildung 9: Methoden der Vollkonsolidierung (Quelle: in Anlehnung an Pellens/Basche/Sellhorn 2003, S. 2)

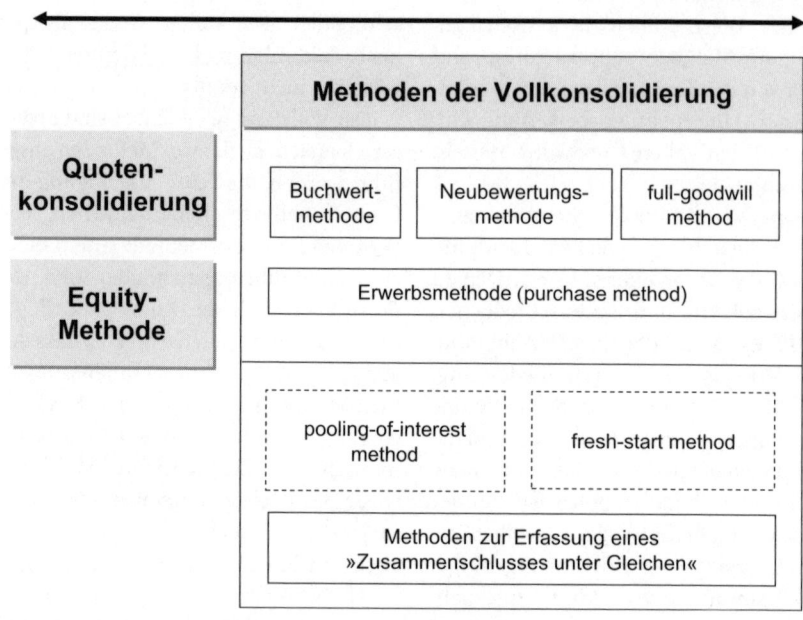

Abbildung 10: Bilanztheoretische Einordnung von Konsolidierungsmethoden
(Quelle: Pellens/Fülbier/Gassen 2006, S. 671)

Werden die Minderheitsgesellschafter als Konzernfremde betrachtet, dürfen ihre Anteile nicht in die Konsolidierung miteinbezogen werden: Quotenkonsolidierung statt Vollkonsolidierung

menschlüssen deren bilanzielle Vergleichbarkeit beeinträchtigen würde. Die ersatzweise Einführung der Fresh-Start-Methode wird bislang noch im Rahmen des IASB-Projekts »Business Combinations – Phase II« diskutiert. Konzeptionell sieht sie die vollständige Neubewertung der Vermögenswerte und Schulden beider an dem Zusammenschluss beteiligter Unternehmen vor. Abbildung 10 fasst diese Methoden noch einmal zusammen und setzt sie in Beziehung zu der darin jeweils zum Ausdruck kommenden Konzerntheorie.

Werden die Minderheitsgesellschafter entsprechend einer interessentheoretischen Extremhaltung vollständig als Konzernfremde angesehen, dürfte auch die Vollkonsolidierung, also die vollumfängliche Abbildung der Vermögenswerte und Schulden in Zweifel gezogen werden. Sinn ergibt hiernach allein die quotale Berücksichtigung. Die Erfassung dieser Posten sowie sämtliche Konsolidierungsmaßnahmen (hierunter fällt dann auch die Kapitalkonsolidierung) werden dabei nur in Höhe der Beteiligungsquote durchgeführt. Diese als Quotenkonsolidierung bezeichnete Vorgehensweise kommt nach IFRS jedoch nicht für Tochterunternehmen sondern nur für Gemeinschaftsunternehmen (zum Beispiel Joint Ventures) in Betracht.

Darüber hinaus existiert die Equity-Methode, bei der der Konzern ebenfalls stark aus dem Blickwinkel der Interessentheorie betrachtet wird. Sie findet Anwendung für Beteiligungen der Konzernmutter, bei denen weder die Voll- noch die Quotenkonsolidierung durchgeführt wird und bei denen dennoch mindestens ein maßgeblicher Einfluss existiert. Die Equity-Methode ist mehr ein Bewertungsverfahren als ein Konsolidierungsmechanismus, weil es hier allein um die Folgebewertung der Beteiligung im Finanzanlagevermögen geht. Ein Ansatz der (anteiligen) Vermögenswerte beziehungsweise Schulden des Beteiligungsunternehmens unterbleibt insofern (vergleiche zu allen Methoden im Detail auch Pellens/Fülbier/Gassen 2006, S. 671 ff.).

Folgebehandlung des Goodwills: Impairment-only-approach

Ist im Rahmen der Kapitalkonsolidierung nach IFRS 3 im Erwerbszeitpunkt ein Goodwill entstanden, so ist dieser in den Folgeperioden entsprechend dem so genannten »impairment-only-approach« zu behandeln. Hiernach sind planmäßige Abschreibungen des Goodwills, die noch die HGB-Konzernrechnungslegung (§ 309 HGB) und auch den alten IAS 22 präg(t)en, nicht mehr vorgesehen. Stattdessen muss der Goodwill gemäß IFRS 3.55 in Verbindung mit IAS 36 einem mindestens jährlichen Niederstwerttest unterzogen werden. Dieser Niederstwerttest ist immer dann durchzuführen, wenn Anzeichen für eine Wertminderung vorliegen, zum Beispiel nachteilige Veränderungen im Unternehmensumfeld, unerwartet starke Marktwertrückgange oder Marktwert-Buchwert-Verhältnisse von weniger als eins (IAS 36.12-14).

Konzeptionell begründet das IASB diese Neuausrichtung mit der unbestimmten (indefiniten) Nutzungsdauer des Goodwills, die eine planmäßige Abschreibung über eine bestimmte Nutzungsdauer willkürlich erscheinen lässt. Folglich stelle sie für die Adressaten auch keine entscheidungsnützlichen Informationen bereit. Eine Abbildung des Goodwills entsprechend seinem »tatsächlichen« Wertverlauf, bei der er nur dann abgeschrieben wird, wenn ein Wertverlust angezeigt wird, sei daher vorzuziehen. Kritiker halten dieser Argumentation des IASB jedoch entgegen, dass eine unveränderte Goodwill-Höhe auch dadurch ausgelöst werden kann, dass er durch fortlaufende Investitionen in den originären, selbst geschaffenen Goodwill aufrechterhalten werde. Durch nicht vorgenommene Abschreibungen des ursprünglich erworbenen Goodwills wird dieser praktisch in einen originären transformiert, was in krassem Gegensatz zum Aktivierungsverbot selbst geschaffener Goodwills nach IAS 38.48 steht (vergleiche zum Beispiel Pellens/Fülbier/Gassen, 2006, S. 697).

Zudem kann vermutet werden, dass die Abschaffung der planmäßigen Goodwill-Abschreibung Ausdruck einer politischen Gemengelage war: Die Abschaffung der Pooling-of-interest-Methode, bei der keine Goodwills entstehen, weil sämtliche Unterschiedsbeträge erfolgsneutral mit dem Eigenkapital verrechnet werden, führte auf Unternehmensseite de facto zu einer höheren Goodwill-Last und entsprechend höheren planmäßigen Abschreibungen. Die gleichzeitige Abschaffung der planmäßigen Abschreibungen mag hierzu als »korrigierende« Gegenmaßnahme und als Angebot an die Unterneh-

Der Goodwill ist in den Folgeperioden gemäß dem »impairment-only-approach« zu behandeln. Eine planmäßige Goodwill-Abschreibung ist nach IFRS 3 nicht vorgesehen

men gedacht sein. Allerdings bedurfte es eines Korrektivs, um den Goodwill nicht als ewige Position in den Konzernbilanzen zu zementieren. So wurde die Bedeutung der außerplanmäßigen Goodwill-Abschreibung gestärkt und als »impairment-only-approach« explizit vorgeschrieben.

Im Prinzip bleibt der bei der Erstkonsolidierung ermittelte Goodwill so lange mit seinem ursprünglichen Wert in der Konzernbilanz stehen, bis der Niederstwerttest eine Wertminderung anzeigt. Dieser Test wird allerdings nicht für den gesamten Goodwill als solchen, das heißt mit Bezug auf das Gesamtunternehmen durchgeführt. Der Impairment-Test kann ebenfalls nicht nur für einen isoliert betrachteten Goodwill durchgeführt werden. Da der Goodwill als solcher keine separat identifizierbaren Cashflows generiert und auch nicht vom Unternehmen getrennt verkauft werden kann, lässt sich folglich für den Goodwill alleine kein erzielbarer Betrag bestimmen (vergleiche Glaum/Street/Vogel 2007, S. 19). Vielmehr wird der Impairment-Test des Goodwills auf Ebene der ZGE durchgeführt. Das bedeutet wiederum, dass der Goodwill (wie alle anderen Vermögenswerte und Schulden) in einem ersten Schritt zuvor identifizierten ZGEs zugeordnet werden muss (allocating goodwill to cash generating units).

Diese Einheit ist nach IAS 36.6 »the smallest identifiable group of assets that generates cash inflows that are largely independent of the cash inflows from other assets or groups of assets«. Sie soll einerseits nicht höher aggregiert sein als ein Segment nach IAS 14 (Segment Reporting) beziehungsweise ab 2009 nach IFRS 8 und andererseits die niedrigste Organisationsebene innerhalb des Konzerns repräsentieren, für die das Konzern- oder Teilkonzern-Management den (Teil-) Goodwill für Steuerungszwecke ermittelt und überwacht (IAS 36.80). Dieser Hinweis deutet in Richtung des »management approach« (so auch IAS 36.82: »... a level that reflects the way an entity manages its operations and with which the goodwill would naturally be associated. Therefore, the development of additional reporting systems is typically not necessary«).

Grundsätzlich soll der Goodwill dabei denjenigen Untereinheiten zugeordnet werden, die voraussichtlich von den erwarteten Synergien des Zusammenschlusses profitieren werden. Nicht von Bedeutung ist in diesem Zusammenhang, ob auch andere Vermögenswerte und Schulden aus dem betreffenden Zusammenschluss dieser ZGE zugeordnet werden. Daher spricht man auch von einer so genannten nutzenorientierten Zuordnung des Goodwills (vergleiche zum Beispiel Senger/Brune/Elprana 2006, Rz. 97).

Damit die Folgebewertung des Goodwills möglichst genau vorgenommen werden kann, soll ein erworbener Goodwill auf eng abgegrenzte ZGEs zugeteilt werden, für die die notwendigen Informationen verfügbar sind, ohne dass hierzu ein eigenes Berichtssystem entwickelt werden muss (IAS 36.82). Durch diese Vorgehensweise soll sichergestellt werden, dass keine Quersubventionierung der Goodwills mehrerer ZGEs untereinander stattfindet (vergleiche Pellens/Sellhorn 2001, S. 1685 f.). Praktisch resultieren hieraus jedoch hohe Ermessensspielräume. Zudem wird die Goodwill-Allokation gerade in stark diversifizierten Konzernen, die unterschiedliche

---

Der Goodwill-Impairment-Test wird auf Ebene der kleinsten zahlungsmittelgenerierenden Einheit (ZGE) durchgeführt

Die Zuordnung des Goodwills zu den ZGE erfolgt in Anlehnung an die internen Berichtssysteme

Geschäftsmodelle bündeln, möglicherweise dadurch erschwert, dass der Goodwill in verschiedenen Bereichen praktisch auf unterschiedlichen Ebenen überwacht wird.

Der Prozess der Goodwill-Allokation sollte in der Regel nicht länger als bis zum folgenden Abschlussstichtag dauern (IAS 36.84). Ist dies nicht möglich, muss das Mutterunternehmen hierüber im Anhang berichten und diesen Prozess spätestens zwölf Monate nach dem Erwerbszeitpunkt abschließen (IAS 36.133).

Bei Hinweisen auf mögliche Wertminderungen, mindestens jedoch einmal jährlich, ist der Goodwill der ZGE auf Werthaltigkeit zu testen (siehe Abbildung 11) – es sei denn, es liegen deutliche Indikatoren für eine bestehende Werthaltigkeit des Goodwills vor (IAS 36.99). Hierfür muss der Buchwert (carrying amount) der ZGE einschließlich Goodwill mit dem erzielbaren Betrag (recoverable amount) derselben verglichen werden. Letzterer entspricht nach IAS 36.6 dem beizulegenden Zeitwert abzüglich etwaiger Verkaufskosten (»fair value less costs to sell«) oder, sofern höher, dem Nutzungswert (»value in use«) des Goodwills. Während Ersterer auf einen (Netto-)Transaktionspreis zu Marktbedingungen zielt (IAS 36.25-29), muss Letzterer aus diskontierten künftigen Cashflows abgeleitet werden (IAS 36.6 und 36.30-32). Nur wenn der auf diesem Wege ermittelte erzielbare Betrag den Buchwert unterschreitet, fällt ein Wertminderungsaufwand in Höhe dieser Differenz an (IAS 36.88-90).

Der Goodwill ist mindestens einmal jährlich einem Werthaltigkeitstest zu unterziehen

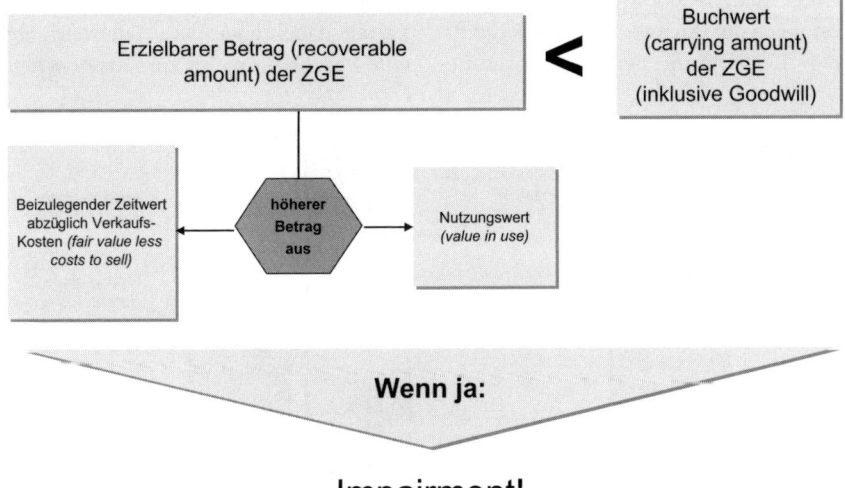

Abbildung 11: Goodwill-Niederstwerttest nach IAS 36 (Quelle: in Anlehnung an Pellens/Fülbier/Gassen 2006, S. 698.)

Die Ermittlung des Wertminderungsbedarfs erfolgt schrittweise, wobei der erzielbare Betrag der ZGE dem Buchwert der ZGE (inklusive Goodwill) gegenüberzustellen ist

In den auf eine Wertminderung folgenden Perioden muss überprüft werden, ob die Anzeichen der Wertminderung noch gegeben sind oder ob eine Wertaufholung angezeigt ist

Die Wertminderung selbst vollzieht sich ebenfalls schrittweise: Zuerst wird der Goodwill der ZGE abgeschrieben (siehe Abbildung 12). Ist der Wertminderungsbedarf jedoch größer als der Buchwert des Goodwills, so sind die übrigen, der ZGE zugeordneten Vermögenswerte jeweils proportional zu ihren jeweiligen Buchwerten in ihrem Wert zu mindern (IAS 36.104; siehe Abbildung 13). Diese Vorgehensweise folgt der Hypothese, dass der Goodwill jeweils zuerst an Wert verliert und primär für Wertminderungen der ZGE verantwortlich ist.

Problematisch wird der Niederstwerttest, wenn Minderheitsgesellschafter beteiligt sind. Der erzielbare Betrag kann in diesem Fall nicht für den Konzernanteil an der ZGE separat, sondern nur für die ZGE als Ganzes ermittelt werden. Somit ist in dem für die ZGE ermittelten erzielbaren Betrag auch implizit ein Minderheiten-Goodwill enthalten. Zum Vergleich der Buchwerte der ZGE (inklusive Goodwill) mit dem erzielbaren Betrag muss daher der Goodwill einer ZGE, an der Minderheiten beteiligt sind, auf eine fiktive 100%ige Beteiligung hochgerechnet werden. Wird anschließend ein Wertminderungsbedarf ermittelt, muss dieser wiederum den verschiedenen Goodwill-Komponenten (Konzern- und Minderheiten-Goodwill) zugeordnet werden (ausführlicher Pellens/Sellhorn 2003).

In den auf eine Wertminderung folgenden Perioden ist zudem zu prüfen, inwieweit die Anzeichen für die Wertminderung noch gegeben sind oder ob gegebenenfalls eine Wertaufholung in Form einer Zuschreibung erfolgen muss (vergleiche IAS 36.110). Diese Überprüfung des Wertaufholungsbedarfes erfolgt spiegelbildlich zum ursprünglich durchgeführten Wertminderungstest. Auch in diesem Fall wird der Buchwert des Nettovermögens der ZGE dem durch die ZGE erzielbaren Betrag gegenübergestellt. Liegt der erzielbare Betrag dabei über dem Buchwert, ist eine Zuschreibung bis zum historischen

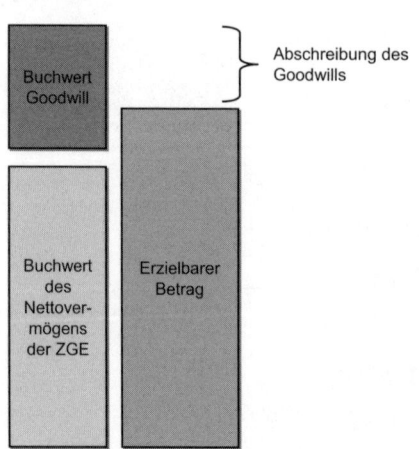

Abbildung 12: Goodwill-Abschreibung 1

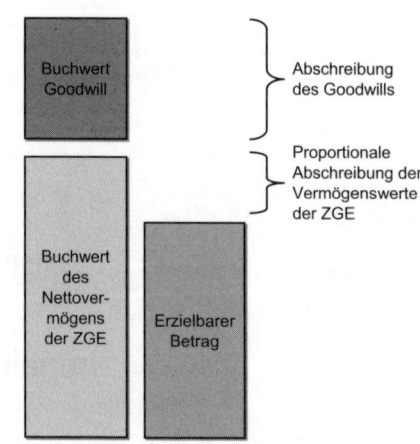

Abbildung 13: Goodwill-Abschreibung 2

Buchwert des Nettovermögens möglich (vergleiche IAS 36.117; siehe Abbildung 14). Allerdings darf nie eine Zuschreibung über den historischen Buchwert des Nettovermögens hinaus vorgenommen werden. Auch ein in vorhergehenden Perioden abgeschriebener Goodwill darf nicht zugeschrieben werden (vergleiche IAS 36.124; siehe Abbildung 15). Dies gilt gemäß IFRIC 10 auch dann, wenn das Goodwill-Impairment lediglich in der Zwischenberichterstattung vorgenommen wurde und es sich zum Geschäftsjahresende hin zeigt, dass kein Grund (mehr) für eine dementsprechende Wertminderung besteht.

Einmal abgeschriebener Goodwill darf nicht mehr zugeschrieben werden

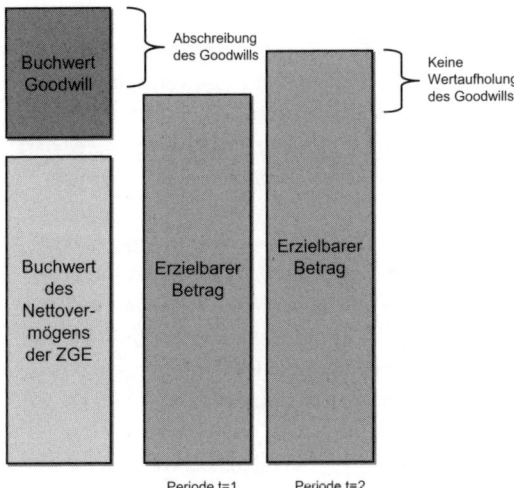

Abbildung 14: Goodwill-Abschreibung 3

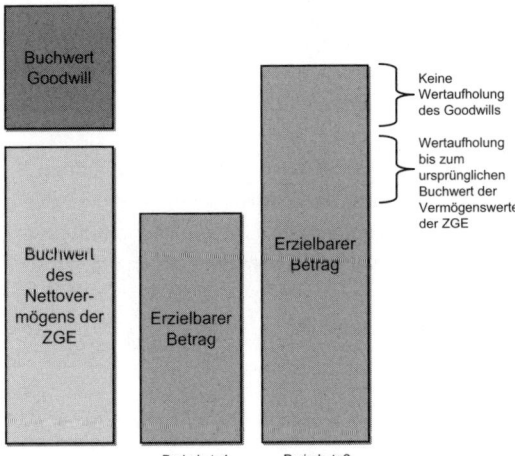

Abbildung 15: Goodwill-Abschreibung 4

Exkurs 4: Die »Deferred-Tax-Falle« bei Kaufpreisallokation und Goodwill-Impairment

Durch die Fair-Value-Bewertung der erworbenen Vermögenswerte und Schulden kommt es bei der Erstkonsolidierung regelmäßig auch zur erfolgsneutralen Bildung latenter Steuerverbindlichkeiten (deferred tax liabilities) gemäß IAS 12. Sie entstehen immer dann, wenn der Zeitwert des erworbenen (Rein-)Vermögens über dem (steuerlich relevanten) Buchwert liegt. Die latenten Steuerverbindlichkeiten drücken dann die erwartete Steuerwirkung aus der Differenz zwischen Zeit- und Buchwert aus und erhöhen gleichzeitig den Betrag des Goodwills.

Beispiel: Die A AG erwirbt für 160 Millionen Euro 100 % der B GmbH, die der Einfachheit halber vollständig eigenfinanziert ist und als einzigen Vermögenswert ein Grundstück mit einem Buchwert von 100 Millionen Euro (entspricht annahmegemäß auch dem steuerlich relevanten Buchwert) beziehungsweise einem Zeitwert von 150 Millionen Euro besitzt. Der Konzernsteuersatz beträgt annahmegemäß 40 %.

In diesem Fall muss die A AG in ihrem Konzernabschluss nicht nur das Grundstück mit einem Wert von 150 Millionen Euro zeigen, sondern gleichzeitig auf die Differenz von 50 Millionen Euro auf der Passivseite eine latente Steuerverbindlichkeit von 50 Millionen Euro x 40 % = 20 Millionen Euro zeigen. Der Goodwill beträgt dann 30 Millionen Euro und setzt sich zusammen aus der Differenz zwischen Kaufpreis und Zeitwert des Reinvermögens und den neu entstandenen zukünftigen Steuerverbindlichkeiten bei der erwerbenden A AG.

Da aber bei der Ermittlung des erzielbaren Betrags der ZGE ein Vorsteuer-Cashflow anzusetzen ist (vergleiche hierzu ausführlich Abschnitt 5), der – bei unterstellter rationaler Kaufpreisfindung – gerade zu einem Wert von 160 Millionen Euro führen muss, entsteht ein unmittelbarer Impairment-Bedarf gerade in Höhe des Betrags, um den die latenten Steuerverbindlichkeiten den Goodwill erhöhen.

Diese Problematik, die letztlich zu einem unsinnigen Ergebnis führt, kann allerdings in der Praxis auf zwei Wegen umgangen werden:

Entweder wird der erzielbare Betrag als beizulegender Zeitwert abzüglich Veräußerungskosten (fair value less costs to sell) *zuzüglich* der entstehenden latenten Steuerverbindlichkeit ermittelt – hier also mit 180 Millionen Euro = 160 Millionen Euro + 20 Millionen Euro (unter Vernachlässigung von Transaktionskosten) – oder der Buchwert des Nettovermögens inklusive Goodwill wird um die latenten Steuerverbindlichkeiten gekürzt, das heißt der Goodwill wird dann nur mit den ursprünglichen 10 Millionen Euro berücksichtigt.

(Beispiel in Anlehnung an Schibler/Nardecchia 2007)

4 Kaufpreisallokation und Controlling immaterieller Werte

Zur Bedeutung immaterieller Werte in der Kaufpreisallokation

Wie bereits in Kapitel 3 erläutert, sind im Rahmen der Kaufpreisallokation auch sämtliche immateriellen Vermögenswerte des Tochterunternehmens zu berücksichtigen. Dabei kommt es auch zum Ansatz solcher immateriellen Werte, die im Rahmen der Bilanzierung beim Tochterunternehmen nicht erfasst werden durften, da sie selbst erstellt wurden und nicht nach IAS 38 zu aktivieren waren.

In Anbetracht der zunehmenden Bedeutung immaterieller Werte im Rahmen des Leistungserstellungsprozesses, der wesentlich durch den Wandel von einer Industrie- zu einer Dienstleistungs- und Hochtechnologiegesellschaft geprägt ist (vergleiche unter anderem Arbeitskreis »Immaterielle Werte im Rechnungswesen« 2003, S. 1233 oder 2001, S. 989), erlangt die Berücksichtigung immaterieller Vermögensbestandteile im Rahmen der Kaufpreisallokation erhöhte Bedeutung. Zudem stellen die Ergebnisse der Kaufpreisallokation oftmals Schwerpunkte bei der Abschlussprüfung dar (PWC/Mackenstedt 2007).

In diesem Zusammenhang steigen die Anforderungen an das Controlling des erwerbenden Unternehmens, das die zur adäquaten Abbildung und Plausibilisierung dieser neu identifizierten immateriellen Werte erforderlichen Informationen liefern muss. Dies wird insbesondere dadurch notwendig, dass in den zu konsolidierenden Tochterunternehmen oftmals nur unzureichende Informationen über selbsterstellte immaterielle Werte vorliegen, wenn diese (im Rahmen des Einzelabschlusses) keinen Eingang in die Bilanz gefunden haben. Somit stehen externes und internes Rechnungswesen bei der Identifikation und Bewertung immaterieller Werte bei der Kaufpreisallokation vor besonderen Herausforderungen, die bisher in Theorie und Praxis noch nicht hinreichend adressiert wurden.

Die Ergebnisse der länderübergreifenden Studie von Glaum/Street/Vogel (2007) zeigen hier, dass der Berücksichtigung immaterieller Wert im Rahmen der Kaufpreisallokation bislang eher wenig Bedeutung geschenkt wurde (siehe Abbildung 16). So wies der überwiegende Teil der analysierten Unternehmen (158) lediglich Informationen über eine Kategorie immaterieller Vermögenswerte aus. Lediglich 26 Unternehmen haben Angaben hinsichtlich der Berücksichtigung von drei oder mehr Kategorien an immateriellen Werten gemacht.

Bei der Kaufpreisallokation können auch bislang nicht bilanzierte, selbst erstellte immaterielle Werte des Tochterunternehmens angesetzt werden

Der Berücksichtigung immaterieller Werte in der Kaufpreisallokation wurde bisher wenig Bedeutung beigemessen

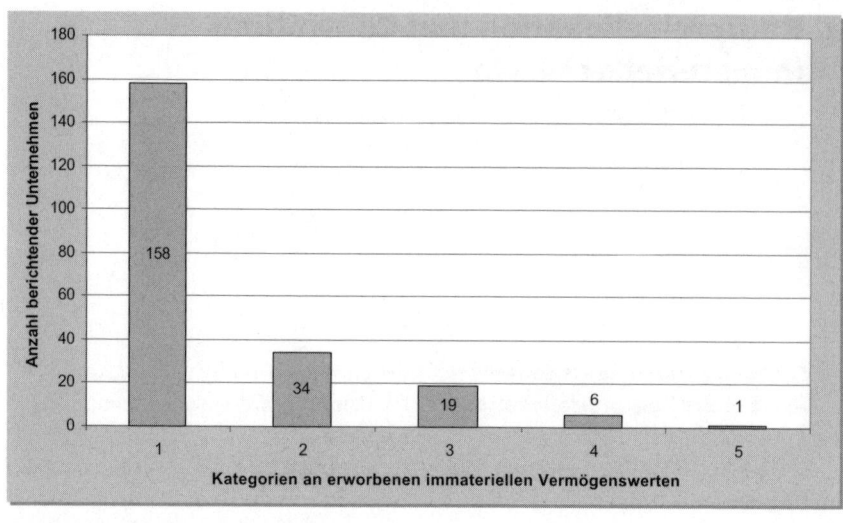

Abbildung 16: Kaufpreisallokation: Anzahl der Kategorien an erworbenen immateriellen Vermögenswerten in 2005 (Quelle: vergleiche Glaum/ Street/Vogel 2007, S. 34)

Die Abgrenzung immaterieller Werte erfolgt am zweckmäßigsten nach dem Ausschlussprinzip: Es handelt sich um jene Werte, die keine physische Substanz besitzen und nicht mit dem Goodwill übereinstimmen

Dennoch besitzen immaterielle Werte in den Konzernbilanzen, insbesondere in denen der analysierten 17 deutschen DAX 30-Unternehmen, eine beträchtliche Größe, wie nachfolgende Abbildung verdeutlicht. Es erscheint daher angebracht, diese Klasse von Vermögenswerten bei der Kaufpreisallokation verstärkt ins Blickfeld zu rücken.

Wie bedeutungsvoll immaterielle Werte im Rahmen von Unternehmenserwerben und somit auch bei der Kaufpreisallokation sind, lässt sich auch an Abbildung 18 erkennen. Meist übersteigt der Kaufpreis das Eigenkapital (zum Buchwert) erheblich – in den dargestellten Fällen um das Drei- bis Zehnfache. Diese Diskrepanz dokumentiert sich in dem so genannten Marktwert-Buchwert-Verhältnis des Eigenkapitals (market-to-book-ratio). Die gesamte Differenz zwischen dem Buchwert des ursprünglichen Eigenkapitals und dem viel höheren Kaufpreis muss im Zuge der Kaufpreisallokation auf Vermögenswerte und Schulden aufgeteilt werden. So kann erahnt werden, welche betragliche Dimension immaterielle Werte in der Kaufpreisallokation annehmen und warum sehr hohe Goodwills entstehen können.

Definition und Systematisierung immaterieller Werte

Dass die Berücksichtigung immaterieller Werte in der externen (aber auch internen) Berichterstattung von Unternehmen und insbesondere auch im Rahmen der Kaufpreisallokation nicht ganz problemlos vonstatten geht, lässt sich bereits bei der Beschreibung dessen ahnen, was eigentlich unter immateriellen Werten zu verstehen ist. So existiert zu-

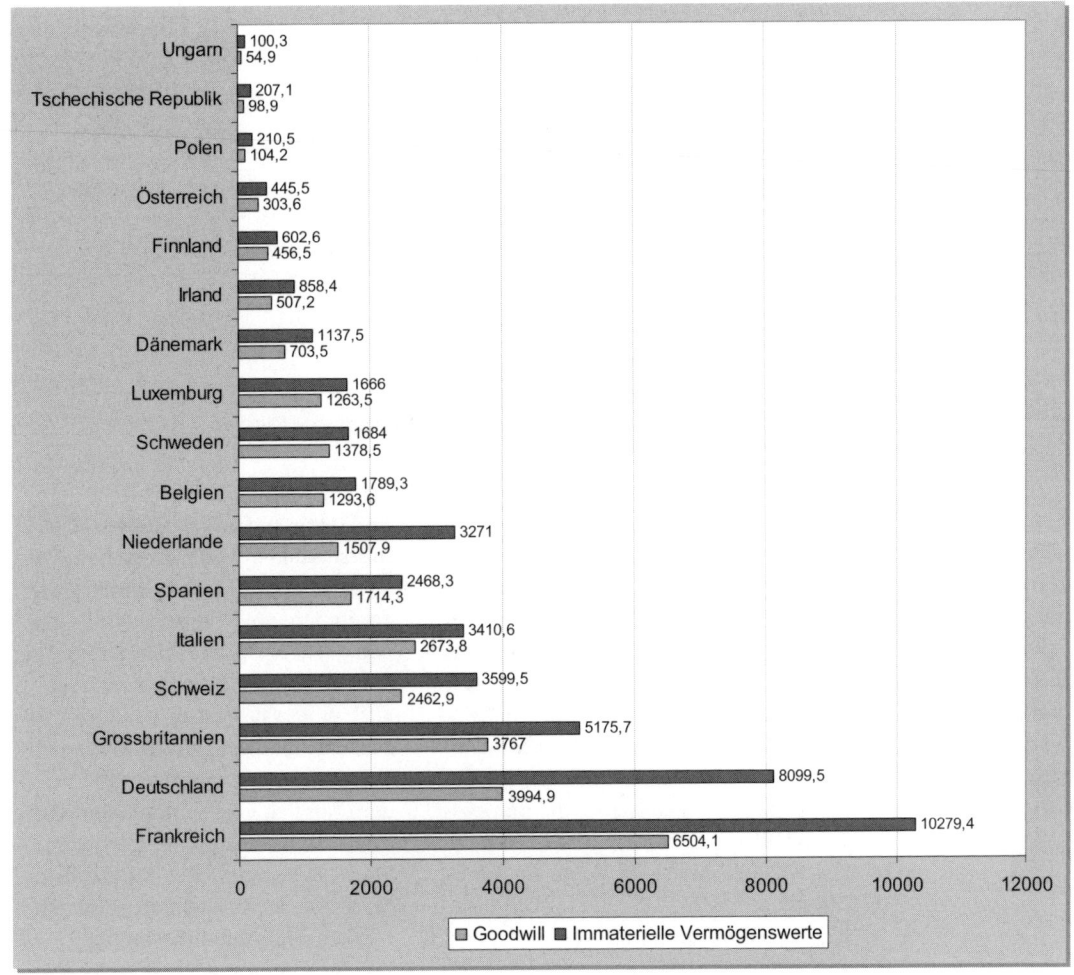

Abbildung 17: Länder- und unternehmensbezogene durchschnittliche Goodwills und durchschnittliche immaterielle Vermögenswerte (inklusive Goodwill) in 2005 (Quelle: vergleiche Glaum/Street/Vogel 2007, S. 40)

nächst eine Fülle unterschiedlicher Bezeichnungen für immaterielle Werte, wie etwa »immaterielle Güter«, »immaterielle Vermögensgegenstände«, »knowledge-based assets« und Ähnliches. Einig ist man sich hingegen, sowohl in den deutschen als auch internationalen Rechnungslegungsvorschriften, dass eine Abgrenzung immaterieller Werte am zweckmäßigsten nach dem Ausschlussprinzip erfolgen sollte: Demnach fallen unter den Begriff grundsätzlich jene Werte, denen es an physischer Substanz fehlt (vergleiche von Keitz 1997, S. 5 f.) und die nicht mit dem Goodwill identisch sind.

Unternehmens-erwerbe	Kaufpreis (in Euro)	Buchwert (in Euro)	Markt-Buchwert-Verhältnis
Telekom und Voicestream	53 Milliarden	5 Milliarden	1.000 %
Thyssen und Krupp-Hoesch	18 Milliarden	6 Milliarden	300 %
Daimler-Benz und Chrysler	95 Milliarden	25,5 Milliarden	370 %
Vodafone und Mannesmann	175 Milliarden	23 Milliarden	760 %
Bayer und Schering	15 Milliarden	3,4 Milliarden	440 %

Abbildung 18: Hohe Marktwert-Buchwert-Verhältnisse bei ausgewählten Unternehmensakquisitionen

Der Arbeitskreis »Immaterielle Werte im Rechnungswesen« der Schmalenbach-Gesellschaft definiert abschließend sieben Kategorien immaterieller Werte

Es gibt eine Vielzahl an Systematisierungsversuchen, die die unterschiedlichen immateriellen Werte in einzelne Untergruppen einzuteilen versuchen (vergleiche hierzu beispielsweise den Überblick von Riegler 2006, S. 85 ff.). Nachfolgend wird auf die Systematisierung des Arbeitskreises für »Immaterielle Werte im Rechnungswesen« der Schmalenbach-Gesellschaft für Betriebswirtschaft e.V. zurückgegriffen (vergleiche AK »Immaterielle Werte im Rechnungswesen« 2001, S. 990 f.). Diese Kategorisierung, die auf einer Einteilung von Edvinsson/Malone (vergleiche Edvinsson/Malone 1997, S. 73) aufbaut, differenziert zwischen folgenden nicht völlig überschneidungsfreien Gruppen immaterieller Werte:

- Das Innovation Capital umfasst sämtliche Innovationen im Rahmen der Produkt-, Dienstleistungs- und Verfahrensgestaltung eines Unternehmens. Beispiele hierfür sind Software, Patente oder ungeschützte Rezepturen.
- Zum Human Capital gehören all jene immateriellen Werte, die sich im Personalbereich des Unternehmens wiederfinden. Als Beispiele können das personenspezifische Wissen einzelner Personen, ihre Kompetenzen, aber auch eine systematisch geführte Wissensdatenbank angeführt werden.
- Das Customer Capital steht für die dem Absatzbereich eines Unternehmens zuordenbaren immateriellen Werte. Hierunter fallen Kundenlisten, Marktanteile, Kundenzufriedenheit, Marken oder Abnahmeverträge.
- Das Supplier Capital beschreibt analog zum Customer Capital jene immateriellen Werte, die dem Beschaffungsbereich des Unternehmens zugeordnet werden können. Beispielhaft hierfür kann ein Vertrag über den Bezug einer bestimmten knappen Ressource angeführt werden.
- Immaterielle Werte des Finanzbereichs eines Unternehmens, die sich in günstigen Konditionen für die Eigen- und Fremdkapitalbeschaffung

äußern, werden als Investor Capital klassifiziert.
- Stehen immaterielle Werte im Zusammenhang mit einer verbesserten Strukturierung der Aufbau- und Ablauforganisation eines Unternehmens, werden sie als Process Capital bezeichnet. Beispiele hierfür sind gute Kooperations- oder Vertriebsnetze sowie hochwertige Qualitätssicherungssysteme.
- Das Location Capital steht schließlich für jene immateriellen Werte, die mit dem Standort des Unternehmens in Verbindung stehen. Hierunter fallen zum Beispiel standortbezogene Steuervorteile oder Standortvorteile, die sich aus einer guten Verkehrsanbindung ergeben.

Grundsätzlich sollten sich sämtliche in Unternehmen vorhandenen immateriellen Werte in eine dieser Kategorien einteilen lassen. Welche Kategorien dabei für das einzelne Unternehmen von Bedeutung sein können, ist unter anderem von der jeweiligen Branche abhängig.

Zur Identifikation sämtlicher immaterieller Werte, die im Rahmen der Kaufpreisallokation Berücksichtigung finden sollen, eignet sich ein Vorgehen anhand der genannten sieben Kategorien. Innerhalb der jeweils betroffenen Unternehmensbereiche können daher zum Beispiel anhand von Mitarbeiterbefragungen in den einzelnen Fachabteilungen bislang noch nicht bilanzierte immaterielle Werte identifiziert werden.

Aus der Perspektive der IFRS-Bilanzierung ist jedoch einzuschränken, dass nicht jeder Wert, der im Rahmen dieser sieben Kategorien identifiziert werden kann, in der Kaufpreisallokation auch anzusetzen ist. Hier ist zusätzlich das IFRS-Regelwerk, insbesondere IAS 38 und IFRS 3 zu beachten. So erwähnt IFRS 3.45 explizit, dass »das erwerbende Unternehmen ein aktives Forschungs- und Entwicklungsprojekt des erworbenen Unternehmens als einen vom Geschäfts- oder Firmenwert getrennten Vermögenswert ansetzt, wenn das Projekt die Definition eines immateriellen Vermögenswertes erfüllt und sein beizulegender Zeitwert verlässlich bewertet werden kann«. Darüber hinaus erlaubt IFRS 3.46 eine Aktivierung immaterieller Vermögenswerte, wenn diese identifizierbar sind und die Definitionskriterien von IAS 38.12 erfüllen.

Dies bedeutet, dass der jeweilige Gegenstand separierbar – das heißt auch ohne das restliche Unternehmen veräußerbar – sein oder aus »vertraglichen oder anderen gesetzlichen Rechten« entstanden sein muss. Ein ausdrückliches Ansatzverbot für selbst geschaffene Marken, Verlagsrechte oder Kundenlisten, wie sie IAS 38.63 für den Einzelabschluss vorschreibt, ist im Rahmen der Kaufpreisallokation nach IFRS 3 nicht mehr zu finden. Ursächlich hierfür ist der Unternehmenserwerb, durch den es sich aus Sicht des erwerbenden Mutterunternehmens nicht mehr um einen selbst geschaffenen Wert handelt (Einzelerwerbsfiktion). Darüber hinaus sind selbstverständlich auch die grundlegenden Bilanzierungsvoraussetzungen der Wahrscheinlichkeit des Nutzenzuflusses, der dem Vermögenswert zurechenbar sein muss (IAS 38.21 (a)), sowie die verlässliche Ermittlung der Anschaffungs- und Herstellungskosten (IAS 38.21 (b)) zu erfüllen. Insbesondere Mar-

Die Bedeutung immaterieller Werte ist branchenabhängig

Bei der Bewertung der identifizierten immateriellen Werte kann auf die Grundsätze zur Bewertung immaterieller Vermögenswerte des IDW ES 5 zurückgegriffen werden

ken, Kundenbeziehungen oder bestimmte selbst entwickelte Technologien und Patente können somit im Rahmen der Kaufpreisallokation zu berücksichtigen sein. Weiter konkretisiert wird dies durch die Übersicht in den »illustrative examples« zu IFRS 3, die folgende Typen immaterieller Vermögenswerte aufzeigt, die im Rahmen der Kaufpreisallokation zu bewerten sind:

- marketing-related intangibles, zum Beispiel Internet Domains oder Firmenlogos;
- customer-related intangibles, zum Beispiel Kundenlisten, Auftragsbestände, Kundenverträge;
- artistic-related intangibles, zum Beispiel Urheberrechte oder Lizenzrechte an Literatur, Musikwerken, Film und Kunst;
- contract-based intangibles, zum Beispiel vorteilhafte Verträge, Ausbeutungsrechte sowie Funklizenzen; und
- technology-based intangibles, zum Beispiel Datenbanken oder Geschäftsgeheimnisse, sofern diese separierbar sind.

Bewertung immaterieller Werte

Sind während der Kaufpreisallokation auf diese Weise zusätzlich anzusetzende immaterielle Werte beim Tochterunternehmen identifiziert worden, müssen die Fair Values dieser »neuen« immateriellen Werte ermittelt werden. Dieser Schritt ist problematisch, weil im Rahmen der Kaufpreisbestimmung regelmäßig der Wert des gesamten Unternehmens, zum Beispiel auf der Grundlage einer Discounted Cashflow (DCF)-Kalkulation, ermittelt wird und

Die Bewertung immaterieller Werte kann marktpreisorientiert, kapitalwertorientiert oder kostenorientiert erfolgen

nicht die Summe der Einzelwerte. Aber genau dies erzwingt nun künstlich die Kaufpreisallokation, um der Einzelerwerbsfiktion gerecht zu werden. Die Bewertung ist aber auch deshalb schwierig, weil gerade immaterielle Werte naturgemäß schwer zu bewerten sind.

Bei der Suche nach diesbezüglichen Lösungsansätzen kann insbesondere auf den vom Institut der Wirtschaftsprüfer (IDW) erarbeiteten IDW S 5 zurückgegriffen werden. Er enthält Grundsätze zur Bewertung immaterieller Vermögenswerte. Dabei legt das IDW keinen speziellen Bewertungsanlass zugrunde, sondern geht davon aus, dass die Grundsätze sowohl im Rahmen der Kaufpreisfindung als auch im Rahmen der externen handels- und steuerrechtlichen sowie internen Unternehmensrechnung Anwendung finden können (vergleiche IDW S 5.1 ff.).

Zur Wertermittlung immaterieller Werte schlägt der IDW S 5.18 ff. grundsätzlich drei Bewertungsverfahren vor, die auch vom International Valuation Standards Committee (IVSC) favorisiert werden (vergleiche IVSC 2007, S. 25 ff.): das marktpreisorientierte Verfahren, das kapitalwertorientierte Verfahren und das kostenorientierte Verfahren.

Wie es die Bezeichnung schon ahnen lässt, orientiert sich die Bewertung des marktpreisorientierten Verfahrens an beobachtbaren Marktpreisen, die sich auf vergleichbare Vermögenswerte beziehen. Zu beachten ist hierbei, dass es sich um Preise an einem aktiven Markt handeln muss. Ein aktiver Markt kennzeichnet sich dabei durch die Homogenität der gehandelten Güter, die Möglichkeit, jederzeit Vertragspartner zu finden, sowie die öffentliche Verfügbarkeit der jeweiligen Preise.

Das kapitalwertorientierte Verfahren beruht auf der Annahme, dass der Wert immaterieller Vermögenswerte stets von den künftigen Cashflows abhängt, die durch den betreffenden Vermögenswert generiert werden können. Somit ergibt sich der Wert stets aus der »Summe der Barwerte der künftig erzielbaren Cashflows zum Bewertungsstichtag«. Im Rahmen der Prognose und Kapitalisierung der künftigen finanziellen Überschüsse sind dabei die in IDW S 1 festgelegten Grundsätze zur Durchführung von Unternehmensbewertungen zu berücksichtigen (vergleiche IDW S 5.22). Innerhalb des kapitalwertorientierten Verfahrens kann noch einmal zwischen vier unterschiedlichen Methoden differenziert werden, die auf verschiedenen Möglichkeiten der Isolierung der Cashflows aus dem betreffenden immateriellen Vermögenswert beruhen. Das IDW betont dabei, dass aus seiner Sicht diese vier Methoden als gleichwertig einzustufen sind (vergleiche IDW S 5.28).

- Die Methode der unmittelbaren Cashflow-Prognose diskontiert die dem Vermögenswert direkt zurechenbaren Cashflows.
- Bei der Methode der Lizenzpreisanalogie werden die mit dem immateriellen Vermögenswert in Zusammenhang stehenden Cashflows durch Lizenzentgelte, die bei Lizenzierung des betreffenden Vermögenswertes oder eines Vergleichsgegenstands erzielt werden könnten, approximiert.
- Die Mehrgewinnmethode ermittelt die dem immateriellen Vermögenswert zurechenbaren Cashflows – wie es der Name schon sagt – basierend auf den durch diesen Wert verursachten Mehreinnahmen des Unternehmens. Es werden somit die Cashflows des Unternehmens, das diesen immateriellen Wert besitzt, den Cashflows eines adäquaten Vergleichsunternehmens, das keinen entsprechenden Vermögenswert aufweist, gegenübergestellt.
- Die Residualwertmethode geht schließlich davon aus, dass die Generierung von Cashflows nur durch einen Verbund verschiedener Vermögenswerte möglich ist. Zur Bestimmung der dem immateriellen Wert zurechenbaren Cashflows müssen daher von dem »Gesamt«-Cashflow die fiktiven Nutzungsentgelte der übrigen Vermögenswerte abgezogen werden.

Die kostenorientierte Bewertung immaterieller Werte geht schließlich vergangenheitsorientiert vor. So kann die Bewertung entweder anhand der Kosten, die bei der Erstellung eines exakten Duplikats des betreffenden immateriellen Werts anfallen würden (so genannte Reproduktionskostenmethode), oder anhand der Kosten, die für die Herstellung eines nutzenäquivalenten Vermögenswertes (so genannte Wiederbeschaffungskostenmethode), vorgenommen werden. Die Vergangenheitsorientierung dieser Methode führt jedoch dazu, dass sich ihre Verwendung primär auf Plausibilitätsüberlegungen oder Ermittlung von Preisuntergrenzen für bevorstehende Kaufpreisverhandlungen beschränkt (vergleiche IDW S 5.48-49). Zur Bestimmung der Fair Values immaterieller Vermögenswerte, die bei der

Kaufpreisallokation berücksichtigt werden müssen, eignet sich dieses letzte Verfahren daher nicht.

Bei der Bewertung bestimmter immaterieller Werte sind jedoch Besonderheiten zu berücksichtigen. So gestaltet sich die Markenbewertung allein schon bei der Abgrenzung und Definition von Marken schwieriger, als dies bei anderen immateriellen Werten der Fall ist. Aus diesem Grund wird die Markenbewertung vom IDW S 5 in einem separaten Abschnitt thematisiert. Dieser Abschnitt macht auch deutlich, wie schwer die zuverlässige Bewertung immaterieller Werte letztlich ist (vergleiche auch Hommel/Buhleier/Pauly 2007).

Bei der Bewertung von Marken muss zwischen einer rechtlichen und wirtschaftlichen Dimension der betreffenden Marke unterschieden werden

Bei der Bewertung von Marken ist hiernach zwischen einer rechtlichen und einer wirtschaftlichen Dimension zu unterscheiden. Die rechtliche Dimension betrifft die rechtlichen Schutzrechte einer Marke, die sich zum Beispiel auf ein bestimmtes Logo oder einen bestimmten Slogan beziehen und darüber hinaus auch regionale Grenzen erfahren können. Unabhängig von dieser rechtlichen Dimension spielt aber auch die wirtschaftliche Dimension bei der Bewertung eine Rolle. Dass eine Marke rechtlich geschützt ist, bedeutet beispielsweise nicht zwangsläufig, dass diese Marke für das betreffende Unternehmen auch einen wirtschaftlichen Wert besitzt und umgekehrt (vergleiche IDW S 5.57). IDW S 5.59 präferiert für die Markenbewertung die Anwendung des kapitalwertorientierten Verfahrens. Hierbei lassen sich jene Umsatzbestandteile, die auf das Vorhandensein der Marke zurückzuführen sind, in die Wertermittlung einbeziehen. Die Wahl der jeweiligen Methode des kapitalwertorientierten Verfahrens sollte prinzipiell in Abhängigkeit von der zu bewertenden Marke gewählt werden. Für die Bewertung von Produktmarken stellt insbesondere die Mehrgewinnmethode ein geeignetes Verfahren dar. Hierbei können die für die Marke gezahlten Preisprämien in die Bewertung einfließen. IDW S 5.67 weist zudem darauf hin, dass die Anwendung der Residualwertmethode insbesondere dann von Vorteil ist, wenn eine »Marke, die als führendes Asset im Verbund mit anderen, unterstützenden immateriellen Vermögenswerten« auftritt, bewertet werden soll.

Zur Patentbewertung eignen sich insbesondere ertragswertorientierte Verfahren

Auch bei der Patentbewertung sind einige Besonderheiten zu beachten. So ist hierzu vom Arbeitskreis »Standardisierung der Bewertung technischer gewerblicher Schutzrechte« im DIN Deutsches Institut für Normung e.V. eine Spezifikation (Publicly Available Specification PAS 1070) erarbeitet worden, die sich mit den Grundsätzen ordnungsmäßiger Patentbewertung beschäftigt. Hiernach können zur Patentbewertung grundsätzlich sämtliche Bewertungsansätze, wie zum Beispiel die oben genannten Verfahren des IDW S 5, verwendet werden. Ökonomisch gesehen, ist unter einem Patent die exklusive Nutzung einer Erfindung zu verstehen. Betrachtet man die Nutzung dieser Erfindung als Investition, so kann der Patentwert als Barwert der erwarteten Einzahlungsüberschüsse bestimmt werden (vergleiche Kloyer 2004, S. 422; vergleiche auch Moser/Goddar 2007, S. 599 ff., die bei der Patentbewertung auf eine erforderliche Abgrenzung zwischen dem Schutzrecht an sich und der zugrunde liegenden Technologie hinweisen). Aus diesen Überlegungen heraus favorisiert

PAS 1070 die Verwendung ertragswertorientierter Verfahren zur Patentbewertung. Alternativ hierzu enthalten auch verschiedene rechtliche Vorschriften Ansätze, die bei einer Patentbewertung herangezogen werden können. So beinhaltet § 139 DPatG drei Verfahren, die zur Schadenersatzbemessung bei Patentverletzungen verwendet werden können. Auch §§ 9 und 10 ArbeitnehmererfindungsG enthalten Hinweise zur Ermittlung desjenigen Betrags, den Arbeitgeber externen Erfindern zahlen müssen (vergleiche Kloyer 2004, S. 426 f.).

In jedem Fall empfiehlt es sich, mögliche Zweifel bei der Bewertung immaterieller Werte im Rahmen der Kaufpreisallokation durch das Gutachten eines Experten auszuräumen. Letztlich sind diese Expertengutachten schon deshalb wichtig, um im weiten Feld unterschiedlicher Methoden und Prognosen einen zwangsläufig eindimensionalen Wert zu rechtfertigen und mit Substanz zu versehen. Dabei ist es kein Geheimnis, dass andere Werte bei Auswahl anderer Methoden und Zugrundelegung anderer Prognosen ebenfalls darstellbar sind.

Ermessenspotenziale im Rahmen der Kaufpreisallokation

Bei der Jahresabschlusspolitik handelt es sich um die bewusste und zielgerichtete Ausnutzung jahresabschlussspezifischer Aktionsparameter im Rahmen der durch Normgeber gesetzten Grenzen (Fuchs 1997, S. 23 ff.). Abgesehen von Sachverhaltsgestaltungen impliziert dies die Ausnutzung von Wahlrechten und Ermessensspielräumen. Gerade Letztere sind im Rahmen der Kaufpreisallokation gegeben, so dass ihre zielgerichtete Nutzung jahresabschlusspolitisch rational wäre. Für das Controlling mögen Ermessensspielräume indes weniger vorteilhaft sein, geht es hier doch um die Suche nach »eindeutigen« (nicht manipulierbaren) Steuerungsgrößen, die allerdings in der Realität nicht existieren.

Im Rahmen der Kaufpreisallokation ist Ermessen bereits im Spiel, wenn es um die Bildung der ZGE in einem Unternehmen geht. Diese für den Goodwill-Impairment-Test wesentliche Einheit kann durchaus mehrere Bereiche zusammenfassen und damit »kompensierend« wirken. Das Ermessen setzt sich fort bei der Allokation des Goodwills auf die ZGE (vergleiche dazu mehr in Kapitel 5). Hohes Ermessen trifft auch die Kaufpreisallokation im eigentlichen Sinne, wenn es um die Identifikation und Bewertung der immateriellen Vermögenswerte geht. Die Ansatzvoraussetzungen sind interpretierbar und die Bewertungsverfahren gestaltbar. Abgesehen davon ist jede Prognose naturgemäß ermessensbehaftet und damit für das Unternehmen instrumentalisierbar.

Darüber hinaus sollte bei der Bewertung neu aufgedeckter immaterieller Werte stets auch die Folgebewertung im Blickfeld gehalten werden. (Die Folgebewertung dieser immateriellen Vermögenswerte richtet sich dabei nach den in IAS 38.72 ff. vorgesehenen Methoden.) Sofern die Nutzungsdauer der betreffenden immateriellen Vermögenswerte zeitlich begrenzt ist, fallen in nachfolgenden Perioden planmäßige Abschreibungen an, die das Ergebnis belasten (IAS 38.97 ff.). Ist die Nutzungsdauer der immateriellen Werte zeitlich nicht begrenzt beziehungsweise lässt sich die

Zweifel bei der Bewertung immaterieller Werte sollten durch das Gutachten eines Experten ausgeräumt werden

Bei der Bewertung neu aufgedeckter immaterieller Werte im Rahmen der Kaufpreisallokation sollte auch deren Folgebewertung im Blickfeld gehalten werden

Nutzungsdauer des betreffenden Vermögenswertes nicht verlässlich bestimmen, ist ähnlich zum Impairment-Test des Goodwills einmal jährlich ein Werthaltigkeitstest durchzuführen (IAS 38.108). Zum Zeitpunkt der Aktivierung eines immateriellen Vermögensgegenstandes (während der Kaufpreisallokation) sollte daher stets auch seine voraussichtliche Nutzung und Wertentwicklung betrachtet werden, um sich von hohen Abschreibungen im Folgejahr nicht überraschen zu lassen.

Berichterstattung über immaterielle Werte

Wie bereits erwähnt, sind der Berücksichtigung immaterieller Werte in Einzel- und Konzernbilanz bestimmte Grenzen gesetzt. Um den jeweiligen Abschlussadressaten dennoch einen umfassenden Überblick über sämtliche immateriellen Werte zu geben, können diese Eingang in die abschlussergänzenden Berichtsinstrumente finden. So empfiehlt DRS 15.115 ff., eine Berichterstattung über die immateriellen Werte des Konzerns in den Lagebericht zu integrieren, die unabhängig von einer Bilanzierungsfähigkeit der betreffenden immateriellen Werte zu sehen ist. Bei der Entwicklung des DRS 15 geht der Deutsche Standardisierungsrat (DSR) somit auf die Vorschläge des Arbeitskreises »Immaterielle Werte im Rechnungswesen« der Schmalenbach-Gesellschaft für Betriebswirtschaft e.V. ein, der die Einbindung eines »Intellectual Capital Statements« in den Anhang oder Lagebericht einer Gesellschaft beziehungsweise eines Konzerns vorgesehen hatte (vergleiche AK »Immaterielle Werte im Rechnungswesen« 2003, S. 1233 ff.). Ziel dieses Berichtsinstruments ist die Darstellung der Strategien des Managements hinsichtlich der immateriellen Werte sowie die Identifikation von Werttreibern.

Die Strukturierung des Berichts sollte anhand der verschiedenen Kategorien immaterieller Werte vorgenommen werden. Um eine bessere Vergleichbarkeit aller Kategorien zu erlangen, sollte zudem eine Fokussierung auf die wesentlichen immateriellen Werte vermieden werden. Sofern eine bestimmte Kategorie aus Managementsicht von untergeordneter Bedeutung ist, eignet sich daher eine bewusste Integration einer Leermeldung in den Bericht. Als Ausgangspunkt der Berichterstattung kommt folglich der »management approach« in Betracht. Dabei sollten für jede Kategorie immaterieller Werte sowohl Strategie, als auch Indikatorenkatalog, Definition und Wechselwirkungen der Indikatoren sowie eine Kommentierung seitens des Managements dargestellt werden.

Darüber hinaus fordert § 315 Absatz 1 Satz 4 HGB die Integration nicht-finanzieller Leistungsindikatoren in den Konzernlagebericht, der auch von IFRS-Anwendern zu veröffentlichen ist. Auch werden in §§ 289 Absatz 2 Nr. 3 und 315 Absatz 2 Nr. 3 HGB jeweils für den Lagebericht der Kapitalgesellschaft beziehungsweise den Konzernlagebericht Angaben über den Bereich der Forschung und Entwicklung gefordert. Analog hierzu verlangt IAS 38.126 die Angabe sämtlicher Forschungs- und Entwicklungskosten, sofern diese sofort erfolgswirksam als Aufwand verrechnet wurden.

Eine andere Möglichkeit der Berichterstattung über die immateriellen Werte

---

Immaterielle Werte können auch durch Einbindung eines »Intellectual Capital Statement« in den Lagebericht Berücksichtigung finden

Immaterielle Werte können auch in das Value Reporting integriert werden, das externe und interne Unternehmensberichterstattung miteinander verbindet

eines Unternehmens bietet die Integration dieser in das Value Reporting (vergleiche AK »Externe Unternehmensrechnung« 2002, S. 2337 ff. oder Heumann 2005, S. 125). Zielsetzung des Value Reporting ist grundsätzlich die Verringerung der Informationsasymmetrien zwischen Management und Investoren des Unternehmens. So beinhaltet das Value Reporting in der Regel Informationen, die über die in der externen Unternehmensberichterstattung geforderten Pflichtangaben hinausgehen. Somit erhalten die Investoren umfassendere Informationen, die sie möglicherweise zur Reduktion ihrer Risikoprämien veranlassen. Die resultierende Verbesserung der Kapitalmarkterwartungen unterstützt wiederum eine Verringerung der Kapitalkosten für das berichtende Unternehmen.

Dabei bildet das Value Reporting grundsätzlich eine gute Grundlage der verstärkten Verzahnung von interner und externer Berichterstattung, da die hierin enthaltenen Informationen oftmals direkt aus der internen Steuerung stammen. Aufgrund ihres Charakters als ergänzendes Berichterstattungsinstrument ist es zudem günstig, das Value Reporting in den Lage- beziehungsweise Konzernlagebericht zu integrieren (vergleiche Heumann 2005).

Sofern das erworbene Tochterunternehmen über oben genannte Instrumente der freiwilligen und verpflichtenden (zum Beispiel Lagebericht) externen Berichterstattung verfügt, können diese Berichte einen Ausgangspunkt für die Identifikation bislang nicht bilanzierter immaterieller Werte im Rahmen der Kaufpreisallokation bilden.

Steuerung und Controlling immaterieller Werte

Steuerung und Controlling immaterieller Werte sind bereits in Band 48 dieser Reihe ausführlich thematisiert worden (vergleiche Weber/Kaufmann/Schneider 2006). Nachfolgend soll daher nur ein kurzer Überblick über mögliche diesbezügliche Ansätze gegeben werden, ehe anschließend kurz die Besonderheiten bei der Kaufpreisallokation herausgestellt werden.

Die Identifikation, Bewertung und Berichterstattung über immaterielle Werte ist nicht ohne Rückgriff auf Informationen aus der internen Unternehmenssteuerung und -rechnung zu bewältigen. Sollten innerhalb eines Unternehmens bislang noch keine ausreichenden Steuerungssysteme und -informationen über diese Vermögenswerte bestehen, so bildet die im Rahmen der Kaufpreisallokation notwendige Bestandsaufnahme einen geeigneten Ausgangspunkt, dies nachzuholen.

Zur Steuerung immaterieller Werte kann allerdings nicht eins zu eins auf Controllinginstrumente für materielle Vermögenswerte zurückgegriffen werden. Immaterielle Werte besitzen zum Beispiel eine gänzlich unterschiedliche Kostenstruktur. Während der Aufbau zum Beispiel eines Markennamens oder einer bestimmten Rezeptur mit hohen Investitionen verbunden ist, fallen bei der Nutzung dieser immateriellen Wertgegenstände kaum variable Kosten an. Auch vermindert sich der Wert immaterieller Vermögenswerte nicht mit zunehmender Nutzung, wie dies bei »herkömmlichen« Wirtschaftsgütern der Fall ist. Im Gegenteil, je bedeutsamer zum

Identifikation, Bewertung und Berichterstattung über immaterielle Werte beruhen auf Informationen aus der internen Unternehmenssteuerung und -rechnung

Zur Steuerung immaterieller Werte eignet sich die Verwendung von Instrumenten aus der strategischen Unternehmensplanung

Beispiel eine Rezeptur ist und je öfter sie (eventuell auch durch Lizenzierung von unternehmensexternen Personen) genutzt wird, desto höher kann ihr Wert eingestuft werden (vergleiche Stoi 2004, S. 191 f.). Schließlich macht gerade die schwierige Greifbarkeit immaterieller Vermögenswerte ihre Erfassung in Rechnungslegung und Controlling – im Gegensatz zu materiellen Gütern – extrem schwierig. Deutlich kommt dies in dem Alan Greenspan im Zusammenhang mit dem Enron-Debakel zugeschriebenen Ausspruch zum Ausdruck: »Trust and reputation can vanish overnight. A factory cannot«.

Prinzipiell eignet sich ein Rückgriff auf Instrumente aus der strategischen Unternehmensplanung, um die immateriellen Werte eines Unternehmens zu steuern (vergleiche Riegler 2006, S. 95 ff.). So wird zum Beispiel das »Intellectual Capital Statement« nicht nur als Beitrag zu mehr Transparenz bei immateriellen Werten verstanden, sondern auch als Steuerungsinstrument. Mit dem Fokus auf die Wissensressourcen des Unternehmens kann es die interne managementorientierte Steuerung zumindest ergänzen, die traditionell eher die finanzielle Dimension betont (vergleiche Daum 2004, S. 70 f.). Je nach Gestaltung und Schwerpunkt sind hier verschiedene Perspektiven und Herangehensweisen denkbar.

Nach dem »resource-based view« (vergleiche Leitner 2005, S. 1209 oder Bounfour 2003, S. 23 ff.) ist ein Unternehmen als ein spezifisches Ressourcenbündel zu betrachten, innerhalb dessen auch immaterielle Werte eine wichtige Rolle spielen. Somit werden die immateriellen Werte nicht einzeln, sondern im Verbund mit den übrigen Ressourcen des Unternehmens betrachtet. Ein Beispiel für diese ressourcenbasierte Sichtweise bildet die so genannte Knowledge Asset Map (vergleiche hierzu ausführlich Marr/Schiuma/Neely 2004, S. 316 ff.). Hierbei werden zunächst alle strategisch bedeutsamen Fähigkeiten ermittelt. Anschließend werden die für diese Fähigkeiten erforderlichen materiellen und immateriellen Ressourcen bestimmt, wobei auch Wechselwirkungen zwischen beiden berücksichtigt werden. Dies bedeutet, dass sich der Wert einer immateriellen Ressource oftmals nicht isoliert, sondern nur in Zusammenhang mit weiteren Ressourcen bestimmen lässt. Zudem kann die Steuerung immaterieller Werte durch den Einsatz verschiedener Scorecards unterstützt werden.

Ein in der Praxis verhältnismäßig bekanntes Scorecard-Verfahren ist der von Skandia entwickelte Skandia-Navigator, der auf der von Kaplan/Norton entwickelten Balanced Scorecard aufbaut (vergleiche Stoi 2004, S. 196 oder Sveiby 1997, S. 186 f.). Die immateriellen Werte eines Unternehmens werden hierbei aus fünf verschiedenen Perspektiven betrachtet. Die finanzielle Perspektive ist primär vergangenheitsorientiert ausgerichtet, während Kunden-, Mitarbeiter- und Prozessperspektive die Gegenwart abbilden und die Erneuerungs- und Entwicklungsperspektive schließlich einen Ausblick auf die künftige Geschäftsentwicklung ermöglichen sollen. Wie Abbildung 19 verdeutlicht, bilden die verschiedenen Perspektiven zusammen ein Haus, dessen Fundament in der Erneuerung und Entwicklung liegt, die Wände des Hauses werden durch die Kunden

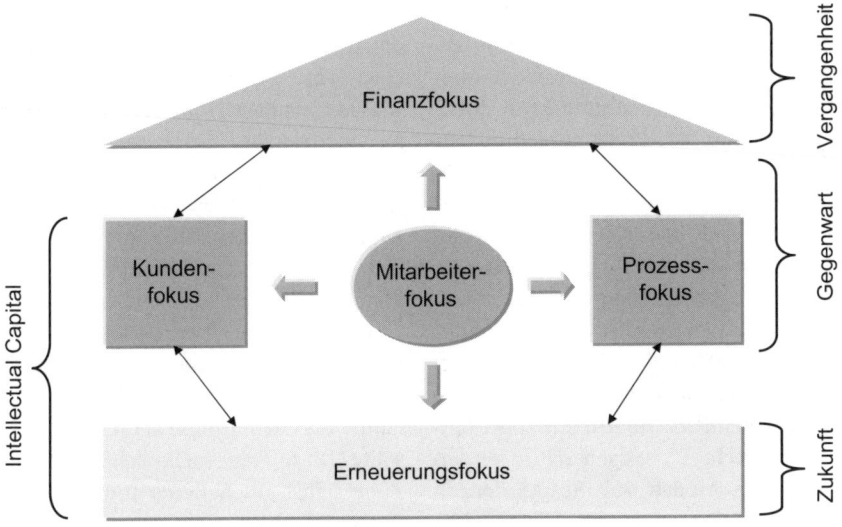

Abbildung 19: Skandia-Navigator (Quelle: vergleiche Sveiby 1997, S. 189)

und die internen Prozesse des Unternehmens dargestellt. Das Dach bildet schließlich die finanzielle Perspektive. Durch das Zusammenwirken der übrigen Aspekte soll somit eine langfristige Wertsteigerung sichergestellt werden. Die »Seele des Hauses« (Weber/Kaufmann/Schneider 2006, S. 22) stellen dabei die Mitarbeiter dar, die für die Verbindung der verschiedenen Perspektiven verantwortlich sind und deren Zusammenwirken bewerkstelligen.

Der Intangible Asset-Monitor bildet ein weiteres Scorecard-Verfahren, bei dem die immateriellen Werte des Unternehmens in eine externe Struktur (die sich auf die Beziehungen zu Kunden, Lieferanten, sowie Markennamen, Image oder Warenzeichen bezieht), eine interne Struktur (die Patente, Konzepte, besondere Computersysteme oder die Unternehmenskultur beinhaltet) sowie die Kompetenz der Mitarbeiter eingeteilt werden. Die Beurteilung dieser drei Kategorien an immateriellen Werten erfolgt dabei anhand unternehmensspezifischer Indikatoren und deren Wertbeitrag zum Unternehmenswachstum beziehungsweise der Stabilität des Unternehmens (vergleiche Stoi 2004, S. 196 f.).

Neben diesen eher allgemeinen Instrumenten zur Abbildung immaterieller Werte können auch verschiedene Instrumente Verwendung finden, die sich auf die Betrachtung einer bestimmten Kategorie an immateriellen Vermögenswerten beschränken und somit spezifische Besonderheiten besser berücksichtigen können (vergleiche Weber/Kaufmann/Schneider 2006, S. 33 ff.). Zur Steuerung des Kundenwerts können beispielsweise die ABC-Analyse, die eine Klassifizierung und Rangreihung des Kundenstamms vornimmt, die Kundenpyramide, die basierend auf verschiedenen Kriterien eine Abschätzung des Renditepotenzials ermöglichen soll, oder die Kapitalwertmethode, bei der der

Die Steuerung immaterieller Werte kann sowohl auf ganzheitlich angelegten Instrumenten beruhen, als auch durch Instrumente erfolgen, die auf bestimmte Kategorien fokussieren

monetäre Wert eines Kunden auf Basis traditioneller Investitionsrechenverfahren ermittelt wird, angewendet werden. Die Markensteuerung kann durch Anwendung des Preisprämienmodells nach Crimmins oder des Markenbewertungsmodells von Kriegbaum erleichtert werden, und das Know-how-Management kann durch Aufbau einer Wissensbilanz vorangetrieben werden. Insbesondere Letzteres ist in Zeiten einer Wissensgesellschaft von besonderer Bedeutung, da so dem Abwandern von Wissen aus dem Unternehmen bei Mitarbeiterwechsel vorgebeugt werden kann. Ein Modell zur Strukturierung solcher Wissensbilanzen liefert beispielsweise das Austrian Research Center in Seibersdorf (vergleiche ARCS 1999). Weitere Steuerungsinstrumente für Teilkategorien immaterieller Werte sind unter anderem auch Portfoliomanagementtechniken im Forschungs- und Entwicklungsbereich zum Beispiel von Pharmaunternehmen, das Customer Lifetime Value Management als strategischer Rahmen für die Steuerung operativer Aktivitäten im Bereich des Kundenbeziehungsmanagements oder das Dynamic Performance Management (im Rahmen des Beyond Budgeting Modells genannt) (vergleiche Daum 2004, S. 73).

Aus der Perspektive der Kaufpreisallokation ist hinzuzufügen, dass immaterielle Werte, die im Zuge von Unternehmensakquisitionen angesetzt worden sind, ein deutlich erhöhtes Ermessensproblem aufweisen. Insofern hat das Controlling darauf hinzuwirken, dass dieses Ermessen weitgehend reduziert wird, indem zum Beispiel standardisierte Bewertungsverfahren benutzt werden. Die Standardisierung könnte auch die Identifikation dieser Werte, zum Beispiel auf Grundlage entsprechender Klassifizierungen, umfassen. Nicht weiter reduzierbare Ermessenspotenziale sind zumindest als solche zu identifizieren, um ihre Auswirkungen auf die Unternehmenssteuerung interpretieren, möglicherweise sogar neutralisieren zu können.

Der Aspekt der Neutralisierung wirft die Frage auf, ob und wie das Controlling gewisse immaterielle Werte überhaupt für Steuerungszwecke »nutzen« sollte. Diese Frage stellt sich bereits im Zuge selbst geschaffener immaterieller Werte, soweit sie nicht bilanziell erfasst werden. Meist werden Steuerungsinstrumente für diese Werte, zum Beispiel ein Intellectual Capital Statement, nur ergänzend zur finanziell geprägten wertorientierten Steuerung herangezogen, in der sie regelmäßig keine oder nur eine untergeordnete Rolle spielen. Die im Zuge der Kaufpreisallokation aufgedeckten immateriellen Werte haben indes eine bilanzielle Wirkung (im Konzernabschluss). Dennoch sind sie mit höheren Unsicherheiten insbesondere hinsichtlich der Wertfindung behaftet als die einzeln erworbenen Werte, für die ein einzelner Marktpreis entrichtet worden ist. Dies könnte zu einer niedrigeren Akzeptanz bei den Managern und Mitarbeitern führen. Möglicherweise sollte das Controlling deshalb (bilanziell erfasste) immaterielle Werte differenzieren, je nachdem, ob sie einzeln oder im Zuge einer Unternehmensakquisition erworben worden sind. Dies mag auch dadurch zu rechtfertigen sein, dass empirische Befunde belegen, dass Unternehmen in ihrem konvergen-

Die Bewertung immaterieller Werte bei der Kaufpreisallokation unterliegt erheblichen Ermessensspielräumen: Reduzieren Sie als Controller dieses Ermessen durch Verwendung standardisierter Bewertungsverfahren!

ten Rechnungswesen Fair Value-Auswirkungen der IFRS-Ausgangsbasis für interne Zwecke regelmäßig korrigieren. Die Bewertung der im Zuge der Kaufpreisallokation aufgedeckten immateriellen Werte folgt aber genau dieser Fair Value-Bewertung, da hier für die nur fiktiv einzeln erworbenen Werte ein marktferner theoretischer Zeitwert abgeleitet wird (mark-to-model).

Ein weiteres Problem des konvergenten Rechnungswesens liegt in der bilanziellen Ungleichbehandlung immaterieller Werte in der IFRS-Ausgangsbasis. Selbst geschaffene immaterielle Werte werden im Einklang mit IAS 38 nur restriktiv angesetzt. Einzeln oder im Zuge von Unternehmensakquisitionen erworbene Werte sind indes anzusetzen und – von hoher Relevanz für die wertorientierte Steuerung – in den Folgeperioden planmäßig oder außerplanmäßig abzuschreiben. So werden Manager zweier Geschäftszweige möglicherweise ungleich behandelt, wenn einer der beiden Geschäftszweige auf internes Wachstum gesetzt hat, während der andere hauptsächlich durch Akquisitionen gewachsen ist. So hat der intern gewachsene Geschäftszweig einen hohen originären Goodwill generiert, der zum Beispiel auch selbst geschaffene Marken oder Kundenlisten enthalten kann. Angesichts der bilanziellen Unwirksamkeit (im externen Rechnungswesen) fallen hier auch keine Abschreibungen an, die der verantwortliche Manager zu »verdienen« hat. Anders hingegen sein Kollege, der einen extern gewachsenen Geschäftszweig leitet. Er hat nicht nur die Abschreibungen auf die (neu) angesetzten immateriellen Werte zu verdienen, sondern auch die Mehrabschreibungen für die aufgedeckten stillen Reserven im materiellen Vermögen und die teilweise sehr hohen (dafür »nur« außerplanmäßig anfallenden) Goodwill-Abschreibungen. Das Controlling hat hier eine schwierige Gratwanderung zu beschreiten, weil eine Gleichbehandlung dieser beiden Manager letztlich nicht bedeuten kann, dass für die in der Kaufpreisallokation aufgedeckten Werte und für den gezahlten Kaufpreis an sich keine Managementverantwortung übernommen wird und dass sie außerhalb der Unternehmenssteuerung stehen.

Ein struktureller Lösungsansatz für diese Problematik ist die kalkulatorische Bewertung des intern wachsenden Bereichs zu Marktwerten, die als Grundlage für die Ermittlung von Abschreibungen beziehungsweise Kapitalkosten verwendet werden können. Dies hat allerdings den Nachteil, dass diese Marktwerte geschätzt werden müssen und damit wiederum hohen Ermessensspielräumen unterliegen, was für Steuerungszwecke ungünstig ist. Außerdem widerspricht ein derartiges Vorgehen der angestrebten Konvergenz zwischen interner und externer Rechnungslegung. Eine nur scheinbare Alternative besteht darin, die Erfolgsvorgaben in intern versus extern wachsende Bereiche an die bilanziellen Kontextfaktoren anzupassen – die exakte Ermittlung der Vorgaben für intern wachsende Bereiche löst jedoch genau die angesprochenen Probleme wieder aus. Wie auch immer man sich für die Steuerung entscheidet – einen Königsweg gibt es hier (leider) nicht.

Immaterielle Werte werden im externen und internen Berichtswesen unterschiedlich berücksichtigt, was zu Problemen bei der Gestaltung eines konvergenten Rechnungswesens führen kann

5 Goodwill-Controlling als eigenständiges Controllingfeld

Die Schnittstelle zwischen externer Finanzberichterstattung und interner Unternehmenssteuerung erstreckt sich auch auf die Behandlung des Goodwills im Rahmen der Erst- und Folgekonsolidierung. Zur Ermittlung des Goodwills und möglicherweise erforderlicher außerplanmäßiger Abschreibungen ist die Bilanzierung auf die Unterstützung des Controllings angewiesen. Dieses Tätigkeitsfeld im Controlling wird auch als »Goodwill-Controlling« bezeichnet (vergleiche auch Weißenberger/Haas/Wolf 2007, S. 149 ff.).

Im Folgenden werden verschiedene konzeptionelle Fragestellungen hinsichtlich der Ausgestaltung eines leistungsfähigen Goodwill-Controllings aufgeworfen. Dazu gehören

- die Einbindung des Controllerbereichs in den Akquisitionsprozess,
- die Datenbereitstellung aus dem Controlling für den Goodwill-Impairment-Test,
- die Bereitstellung laufender Goodwill-Kennzahlen im Berichtswesen sowie
- die institutionelle Gestaltung der Kooperation zwischen Controllerbereich und Bilanzierung.

Goodwill-Controlling im Akquisitionsprozess

Das Goodwill-Controlling, das als Ausprägung des Funktionalcontrollings fachlich beim M&A-Controlling beziehungsweise beim Beteiligungscontrolling anzusiedeln ist, hat im Akquisitionsprozess zunächst die Aufgabe, das Management bereits bei der Kaufpreisfindung zu unterstützen, um absehbare Goodwill-Impairments zu vermeiden (vergleiche Coenenberg/Schultze/Biberacher 2002, S. 208). So sind während der Due Diligence Planungsrechnungen für das Akquisitionsobjekt und für das zukünftig integrierte Gesamtunternehmen zu erstellen und auf Plausibilität hin zu untersuchen (vergleiche Beck/Vera 2003, S. 37 ff.).

Ergänzend sind im Rahmen der Kaufpreisverhandlungen die Komponenten des (erwarteten) Goodwills bezogen auf die Quellen für ein Impairment-Risiko aufzugliedern. Dies sind wahrscheinliche oder sogar weitgehend sichere Synergie-, Erweiterungs- und Restrukturierungspotenziale, Finanzierungsvorteile sowie stark unsichere Potenziale und Werte.

Stark unsichere Potenziale sollten in einer rational ermittelten Kaufpreisober-

Das Goodwill-Controlling unterstützt die Bilanzierung bei der Steuerung von Goodwill-Potenzialen

Das Goodwill-Controlling unterstützt das Management bei der Kaufpreisfindung

Die Aufgliederung des (erwarteten) Goodwills im Rahmen der Kaufpreisfindung lässt Rückschlüsse auf das in den Folgeperioden zu erwartende Goodwill-Impairment zu

Die Gefahr eines Goodwill-Impairments in den Folgeperioden lässt sich bereits durch geschickte Zuordnung des Goodwills auf ZGE im Rahmen der Erstbilanzierung unterstützen

grenze nur mit ihrem – im Zweifel sehr niedrigen – risikoadjustierten Erwartungswert berücksichtigt werden. Eine überzogene Bewertung durch »strategische Prämien« (Hachmeister 2006, S. 431) ist bei starkem Bestreben des Managements nach externem Wachstum jedoch durchaus in der Praxis zu beobachten. Zahlungen ohne Gegenwert können unter anderem weiterhin bei einer Kaufpreisfindung im Auktionsverfahren entstehen; sie werden dann als »winner's curse« bezeichnet. Dies ist derjenige Betrag, den das erwerbende Unternehmen für den Kauf nicht hätte aufbringen müssen, wenn es die Höhe des nächstbesten Gebots gekannt hätte. Da abzusehen ist, dass eine spätere Prüfung dieser Kaufpreiskomponenten keine Werthaltigkeit ergibt, entsteht hier kurzfristig die Gefahr eines Goodwill-Impairments.

Durch die geschickte Strukturierung einer Akquisition können weiterhin Finanzierungs- und Steuervorteile entstehen, die bei der Ermittlung der Kaufpreisobergrenze berücksichtigt werden. Da die spätere Werthaltigkeitsprüfung des Goodwills im Rahmen des Impairment-Tests explizit auf die operative Sphäre abstellt, das heißt Finanzierungs- und Steuereffekte weder in den Plan-Cashflows der ZGE noch im Zinssatz berücksichtigt werden dürfen, wird selbst bei planmäßiger Realisierung der Vorteile der Akquisition an dieser Stelle ein – allerdings nicht ökonomisch, sondern allein regulatorisch begründeter – Impairment-Bedarf induziert. Dieser Aspekt wird auch in der Unternehmenspraxis äußerst kritisch gesehen (vergleiche Trützschler et al. 2005, S. 397).

Motive für eine Akquisition können weiterhin Synergie-, Erweiterungs- und Restrukturierungspotenziale sein. Entsprechende Erwartungen werden in der Kaufpreisfindung berücksichtigt. Speziell bezogen auf die Erweiterungs- und Restrukturierungspotenziale gilt jedoch, dass sie gemäß IAS 36.44 bei einer späteren Werthaltigkeitsprüfung des Goodwills ebenso wenig berücksichtigt werden dürfen wie zukünftige Synergien, für die es gemäß IAS 36.33 (a) keinerlei externe Evidenz gibt, weil sie zum Beispiel andere Erwerber nicht in vergleichbarer Form realisieren könnten. Auch an dieser Stelle kann damit ein allein regulatorisch begründeter Abschreibungsbedarf entstehen.

Die Aufgliederung des (erwarteten) Goodwills im Rahmen der Kaufpreisfindung lässt somit Rückschlüsse auf das in den Folgeperioden zu erwartende Goodwill-Impairment zu. Sie können ex ante nur dann ganz oder teilweise vermieden werden, wenn ein Kaufpreis unter der Obergrenze des Erwerbers ausgehandelt werden kann beziehungsweise wenn es im Nachgang gelingt, originären Goodwill aufzubauen, der in den Impairment-Test nach IAS 36 zwangsläufig einfließt (zur Vermischung von originärem und derivativem Goodwill vergleiche auch Kapitel 3).

Die Gefahr eines Goodwill-Impairments in den Folgeperioden lässt sich dann bereits durch die geschickte Zuordnung des Goodwills auf ZGE im Rahmen der Erstbilanzierung unterstützen. Der Impairment-Test für Goodwill findet immer auf der Ebene der ZGE statt. Derartige Bewertungseinheiten können Profit Center, wie zum Beispiel Geschäftseinheiten, sein, die gemäß IAS

36.6 eigenständig Zahlungsströme generieren. Eine zusätzliche Berichtsstruktur ist gemäß IAS 36.82 nicht erforderlich.

Bei der Zuordnung des Goodwills im Konzern ist dabei – wie bereits in Kapitel 3 ausführlich dargestellt – auf die ZGE abzustellen, die erwartungsgemäß einen Nutzen aus dem Unternehmenserwerb realisieren und auf deren Ebene der Goodwill für Steuerungszwecke überwacht wird. Hierdurch liegen faktisch hohe Ermessensspielräume vor (vergleiche Pellens/Crasselt/Schremper 2002, S. 125 oder Kirsch 2004, S. 138 f.), mit denen das Ergebnis späterer Impairment-Tests beeinflusst werden kann (vergleiche Esser 2005, S. 199 f. oder Kirsch 2004, S. 137 f.). Werden beispielsweise ZGE auf einer hoch aggregierten Steuerungsebene, zum Beispiel der Segmentebene, abgegrenzt, können Wertminderungen innerhalb einer ZGE durch Wertsteigerungen an anderer Stelle ZGE-intern kompensiert werden (vergleiche Hitz/Kuhner 2002, S. 285 oder Lüdenbach/Hoffmann 2004, S. 1071). IAS 36.BC167 spricht hier explizit von einem »Kissen« (cushion) zur Abfederung des Wertminderungsverlusts. Ein weiterer Vorteil dieser Strategie ist die reduzierte Anzahl von Impairment-Tests beziehungsweise ein reduzierter Aufwand in der Anpassung der internen Planungs- und Berichtssysteme für Zwecke des Goodwill-Impairment-Tests. Dies entspricht auch der in der Praxis gebräuchlichen Vorgehensweise (vergleiche Pellens et al. 2005, S. 12).

Eine weitere Strategie ist die Zuordnung des Goodwills auf besonders ertragsstarke Einheiten, da diese durch einen hohen originären Goodwill gekennzeichnet sind (vergleiche Hitz/Kuhner 2002, S. 285 f. oder Pellens/Sellhorn 2001, S. 1685 f.). Unternehmen, die andererseits aus bilanzpolitischen Gründen – zum Beispiel zur Reduzierung der Kapitalkosten im Kontext wertorientierter Steuerung – ein schnelles Impairment anstreben, würden für die Zuordnung von Goodwill eher schwächere Einheiten auswählen (vergleiche Hachmeister 2006, S. 428).

Unterstützung des Goodwill-Impairment-Tests durch das Controlling

Wie bereits in Kapitel 3 erläutert, muss der Goodwill mindestens einmal jährlich auf Werthaltigkeit geprüft werden. Gleichzeitig müssen gemäß IAS 36.12 beispielhaft spezifizierte externe oder interne Indikatoren, wie zum Beispiel Änderungen im technischen und regulatorischen Umfeld oder Katastrophenverschleiß, die unterjährig auf außerplanmäßige Wertminderung hinweisen können, laufend überwacht werden. Auf den jährlichen Impairment-Test kann nur dann verzichtet werden, wenn deutliche Anhaltspunkte dafür vorliegen, dass der erzielbare Betrag als relevanter Vergleichswert erheblich über dem fortgeführten Buchwert der goodwilltragenden ZGE liegt (IAS 36.15). Die Regelung des IAS 36.15 wird durch IAS 36.99 weiter eingeschränkt. So muss die Wahrscheinlichkeit, dass der erzielbare Betrag niedriger als der aktuelle Buchwert ist, gering sein, und die Vermögenswerte und Schulden der goodwilltragenden ZGE dürfen sich nicht wesentlich verändert haben.

Die Zuordnung des Goodwills sollte auf ZGE erfolgen, die einen hohen Nutzen aus dem Unternehmenserwerb realisieren werden oder besonders ertragsstark sind

Das Goodwill-Controlling muss die Indikatoren für einen außerplanmäßigen Impairment-Test in die Berichtssysteme aufnehmen

Die unterjährigen Indikatoren, die einen außerplanmäßigen Impairment-Test auslösen können, sind im Rahmen des Goodwill-Controllings in die Berichtssysteme aufzunehmen. Als wichtigster Indikator in der Unternehmenspraxis wird die Unter- beziehungsweise Überschreitung des Leistungsvermögens angesehen (vergleiche Deloitte 2005, S. 6 f.). So besteht zum Beispiel ein Anzeichen für eine Wertminderung, wenn die geplanten Cashflows der ZGE vom Controlling definierte Schwellenwerte unterschreiten. Auch hohe oder niedrige Ist-Wertbeiträge (EVA, CVA) in Relation zur Planung beziehungsweise entsprechenden Forecasts sind Indikatoren für ein mögliches Impairment oder die fortbestehende Werthaltigkeit des Goodwills.

Da eine Goodwill-Abschreibung bei entsprechendem Umfang möglicherweise zu einer erheblichen Minderung des Konzerneigenkapitals beziehungsweise sogar zu einer Überschuldung der Konzernbilanz führen kann, sind diese Indikatoren nicht nur in bestehende Kennzahlensysteme wie zum Beispiel die Balanced Scorecard, sondern auch in das interne Risikomanagementsystem aufzunehmen (vergleiche Bartelheimer/Kückelhaus/Wohlthat 2004, S. 28 f. oder Kümpel/Susnja 2005, S. 78) und gegebenenfalls im Konzernlagebericht gemäß § 315 Absatz 2 HGB zu behandeln.

Das Goodwill-Controlling ist für die Herleitung der Plan-Cashflows für die Bestimmung des Nutzungswerts zuständig

Die wohl bedeutendste Aufgabe des Goodwill-Controllings im Rahmen der Folgebewertung ist jedoch die Herleitung von Zahlungsströmen (Plan-Cashflows), mit deren Hilfe der Nutzungswert der goodwilltragenden ZGE für Zwecke des Impairment-Tests ermittelt werden kann. Dieser Nutzungswert ist gemäß IAS 36.6 der Barwert der geschätzten zukünftigen Cashflows, die durch die jeweilige ZGE insgesamt generiert werden. Dabei verfolgt IAS 36 einen Entity-Ansatz, demgemäß nur operative und teilweise investive Zahlungsströme unter Abstraktion von Finanzierungstätigkeiten und Ertragsteuerzahlungen in die Bewertung eingehen (IAS 36.50). Ist die Berücksichtigung spezifischer angesetzter Schulden aus praktischen Gründen notwendig, so kann in Ausnahmefällen gemäß IAS 36.78 f. jeweils der Buchwert der ZGE und der Nutzungswert um den Buchwert der Schuld vermindert werden.

- Zentrale Ausgangsgröße für die Plan-Cashflows sind solche Cashflows aus der betrieblichen Nutzung der ZGE, das heißt die Zahlungsmittelüberschüsse aus der operativen Leistungserstellung unter Berücksichtigung notwendiger Erhaltungsinvestitionen und Gemeinkosten, die geeignet zugerechnet werden können (IAS 36.41).
- Ferner werden Cashflows, die aus einem möglichen Verkauf der ZGE entstehen, berücksichtigt (IAS 36.52). Dazu gehören neben dem Veräußerungspreis auch damit verbundene Kosten sowie nicht bilanzierte Zahlungsmittelabflüsse zum Beispiel aus Entsorgungsverpflichtungen (IAS 36.43 (b)).
- Cashflows aus Erweiterungsinvestitionen dürfen grundsätzlich nicht berücksichtigt werden (IAS 36.44). Korrespondierend ist von den daraus resultierenden Umsatzerlösen zu abstrahieren (vergleiche IDW RS HFA 16.105).

- Cashflows aus Restrukturierungsmaßnahmen dürfen nur insoweit angesetzt werden, als es sich um aktuelle, bereits beschlossene Restrukturierungen handelt (IAS 36.44) beziehungsweise wenn Zahlungsmittel für zukünftige Restrukturierungen bereits abfließen (IAS 36.48).
- Cashflows aus Finanzierungsvorgängen sind nicht einzubeziehen (IAS 36.50 (a)), da IAS 36 im Rahmen der Nutzungswertermittlung eine Unabhängigkeit von der Finanzierungsstruktur der ZGE und des Unternehmens erfordert (IAS 36.A19).
- Der Cashflow darf nicht durch Steuerzahlungen gemindert sein (IAS 36.50 (b)). Ebenso sind Steuereffekte im Diskontierungszinssatz zu eliminieren (vergleiche IDW RS HFA 16.111).

Weitere Einschränkungen bezüglich der Cashflow-Planung betreffen die Prognoseperiode (IAS 36.33 ff.). Hier darf der detaillierte Prognosezeitraum grundsätzlich eine Länge von fünf Jahren nicht überschreiten. Für den Folgezeitraum ist grundsätzlich eine Extrapolation der Prognosen mit einer konstanten oder rückläufigen Wachstumsrate durchzuführen.

Für die Cashflow-Planung verlangt IAS 36.33 (a) zunächst die Bezugnahme auf die Schätzungen des Managements (»management's best estimate«). Widersprechen allerdings externe Quellen diesen Schätzungen, ist diese Perspektive zwingend zu berücksichtigen, da diesen externen Quellen ein größeres Gewicht als den internen Prognosen beizumessen ist. Gleichzeitig muss die Cashflow-Planung in zeitlicher Hinsicht auf der zuletzt verabschiedeten, das heißt aktuellsten Budgetierung beziehungsweise Mittelfristplanung aufsetzen.

Faktisch bedeutet dies eine Planung auf der Basis von Prognosewerten, die mithilfe standardisierter Betrachtungen hergeleitet werden. Eine Ableitung von Planwerten auf Basis von unternehmensspezifischen Optimalgrößen oder normativ gesetzten Planwerten, die zum Beispiel für Zwecke der Verhaltenssteuerung besonders ambitioniert gewählt werden, ist für die Ermittlung des Nutzungswerts nicht geeignet (vergleiche Weber/Schäffer 2006, S. 60 ff.).

Die Cashflow-Planung muss auf der Budgetierung beziehungsweise Mittelfristplanung aufsetzen

---

Exkurs 5: Beizulegender Zeitwert abzüglich Veräußerungskosten (»fair value less costs to sell«) als Ausweg bei »unsinnigem« Nutzungswert

Die verschiedenen Einschränkungen, die IAS 36 für die Ermittlung des Nutzungswerts zugrunde legt, können dazu führen, dass ein Goodwill-Impairment notwendig erscheint, *obwohl* die internen Planungsdaten zum Beispiel aufgrund von Finanzierungsvorteilen, Restrukturierungs- oder Steuereffekten für eine positive Wertentwicklung der ZGE sprechen.

In diesen Fällen sollte in Absprache mit dem Abschlussprüfer immer auch hinterfragt werden, ob nicht ein beizulegender Zeitwert abzüglich Veräußerungskosten im Rahmen einer mark-to-model-Bewertung generiert werden kann, der genau diese Effekte berücksichtigt und der – ganz im Sinne der Definition des erzielbaren Betrags (IAS 36.6) – als höherer Alternativwert Verwendung finden konnte.
(Vergleiche hierzu ausführlich Schibler/Nardecchia 2007.)

Das Goodwill-Controlling muss sicherstellen, dass die internen Planungssysteme den spezifischen Anforderungen des Impairment-Tests gerecht werden

Für die Vorbereitung des Impairment-Tests muss das Goodwill-Controlling sicherstellen, dass die internen Planungssysteme diese spezifischen Anforderungen erfüllen. Dies macht in aller Regel Anpassungen erforderlich (vergleiche Wirth 2005, S. 29). So sind beispielsweise ZGEs als Planungsebene einzurichten und die geplanten Zahlungsströme der Mittelfristplanung regelkonform zu adjustieren (vergleiche Trützschler et al. 2005, S. 403 f.). Im Rahmen dieser Anpassungen kann zwischen zwei Vorgehensweisen differenziert werden.

Die erste Möglichkeit besteht darin, die Planungsrechnungen insbesondere in der Mittelfristplanung so zu erweitern, dass sie stets den Vorschriften der IFRS genügen. Damit werden später notwendige Anpassungsmaßnahmen obsolet, und die internen Planungen können unmittelbar für die Bestimmung des Nutzungswerts verwendet werden. Allerdings führt dies nachteilig dazu, dass die Planungssysteme vergleichsweise komplex werden, da mithilfe der Planungssysteme zusätzlich auch weiterhin die unternehmensspezifischen Steuerungszwecke und Perspektiven, so zum Beispiel im Hinblick auf Erweiterungsinvestitionen, berücksichtigt werden müssen.

Die zweite Möglichkeit besteht darin, geeignete Überleitungsrechnungen oder eine abgeleitete Planung allein für die Zwecke der Berechnung des Nutzungswerts bereitzuhalten. Es muss jedoch weiterhin IFRS-Konformität garantiert werden; zudem darf die dem Goodwill-Impairment-Test zugrunde gelegte Planung nicht der intern verwendeten Mittelfristplanung widersprechen. Dies ist allerdings in der Praxis nicht immer gewährleistet (vergleiche Glaum/Street/Vogel 2007).

Zur Diskontierung ist unter Berücksichtigung der aktuellen Marktbewertungen des Zeitwertes des Geldes sowie der speziellen Risiken der ZGE ein Zinssatz vor Steuern anzuwenden. Den Ausgangspunkt zur Ermittlung stellt der gewichtete durchschnittliche Kapitalkostensatz WACC (Weighted Average Cost of Capital) dar (IAS 36.A17), der jedoch an den eines unverschuldeten Unternehmens angepasst werden muss (IAS 36.A19). Dies bedeutet, dass das Kapitalstrukturrisiko aus dem im Impairment-Test verwendeten Kapitalkostensatz zu eliminieren ist, so dass dieser ceteris paribus unter dem im Rahmen der Kaufpreisfindung beziehungsweise ansonsten für Steuerungszwecke verwendeten internen Kapitalkostensatz liegt. In der Interpretation des IDW RS HFA 16.11 ist allerdings der WACC-Ansatz mit Berücksichtigung des Steuervorteils der Fremdkapitalfinanzierung im Tax Shield des Fremdkapitalkostensatzes anzuwenden (vergleiche Schmusch/Laas 2006, S. 1054).

Der Zeitpunkt der planmäßigen jährlichen Goodwill-Impairment-Tests einzelner ZGE ist gemäß IAS 36.96 beliebig, jedoch stetig festzulegen. Grundsätzlich bietet es sich an, dass die erforderlichen Goodwill-Impairment-Tests parallel oder nach Abschluss des Finanzplanungsprozesses durchgeführt werden. In der Unternehmenspraxis werden Goodwill-Impairment-Tests häufig zu einem entsprechenden einheitlichen Stichtag durchgeführt (vergleiche Bartelheimer/Kückelhaus/Wohlthat 2004, S. 26 oder Pellens et al. 2005, S. 13). Eine ganzjährige Verteilung von Goodwill-Impairment-Tests ist schon aufgrund des hohen Planungsaufwandes wenig sinnvoll und wird deshalb auch kaum praktiziert.

Gerade durch die beschriebenen erforderlichen Anpassungen des betrieblichen Berichtswesen an die Anforderungen des Impairment-Tests nach IAS 36 in Verbindung mit IFRS 3 sehen Trützschler et al. die Konvergenz des Rechnungswesens aber gefährdet (vergleiche Trützschler et al. 2005, S. 396 ff. am Beispiel des Haniel-Konzerns). Im Kern unterscheidet sich die im Rahmen des Impairment-Tests durchzuführende Unternehmensbewertung in mehreren Punkten von rationalen betriebswirtschaftlichen Verfahren. So erlauben die IFRS keine Anwendung des Flow-to-equity-Modells, berücksichtigen keine steuerlichen Aspekte und stehen auch der Berücksichtigung wertsteigernder Maßnahmen wie etwa geplanten Erweiterungsinvestitionen, Restrukturierungsmaßnahmen und beabsichtigten Finanzierungsaktivitäten äußerst restriktiv gegenüber. Hierdurch können Bewertungsunterschiede zwischen beiden Methoden entstehen, die eine rechentechnisch bedingte Abschreibung erforderlich machen würden und die im Ergebnis wieder eine Divergenz im Rechnungswesen schaffen. Eine detaillierte Gegenüberstellung der betriebswirtschaftlichen Unternehmensbewertung und der im Rahmen des Impairment-Tests durchzuführenden Bewertung lässt sich auch Abbildung 20 entnehmen.

Neben der Bereitstellung von Plan-Cashflows müssen im Goodwill-Controlling auch die entsprechenden Good-

Die notwendigen Anpassungen des internen Berichtswesens an die Anforderungen des Impairment-Tests gefährden die Konvergenz des Rechnungswesens

		Betriebswirtschaftliche Bewertungsmethoden	IFRS - Konzernabschluss Nutzungswert
Zulässige Bewertungsverfahren	Investitionstheoretische Verfahren	Alle	WACC
	Multiplikatoren	Nur ergänzend	-
Ausgestaltung der Investitionstheoretischen Verfahren	Steuern	Unternehmensebene: Ja Persönliche Ebene: Nein	Vor Steuern
	Zinsen / Tilgung	Je nach gewähltem Verfahren	Vor Zinsen und Tilgung
	Abbildung des Geschäftsrisikos	Subjektive Risiko- und Renditeerwartungen des Bewerters	Primär aus dem Kapitalmarkt abzuleiten
Berücksichtigung wertsteigernder Maßnahmen	Finanzierung	Ja	Nein
	Restrukturierung	Ja	Nur bereits beschlossene Maßnahmen
	Erweiterung	Ja	Nur bereits begonnene Maßnahmen
	Synergien	Ja	Ja
	Strategische Investitionen	Ja	Nein

Abbildung 20: Bewertungsmethoden im Vergleich
(Quelle: Trützschler et al. 2005, S. 403)

Im Goodwill-Controlling können auch die einzelnen Goodwill-Positionen selbst kurz- und mittelfristig geplant werden

Die Wahrscheinlichkeit eines Goodwill-Impairments kann durch die Verwendung bestimmter Goodwill-Steuerungskennzahlen bestimmt werden

will-Positionen selbst kurz- und mittelfristig geplant werden. Hierfür sind Informationen über die Auswirkungen von Maßnahmenpaketen auf die kurz- und mittelfristige Wertentwicklung des Goodwills in verschiedenen Zukunftsszenarien bereitzustellen.

Zur Ableitung von Entscheidungsalternativen in der Steuerung der ZGE kann das Goodwill-Controlling Informationen darüber anbieten, welche Auswirkungen auf den Goodwill bei jeweils geplanten unternehmerischen Maßnahmen zu erwarten sind. So sind beispielsweise mit einer verstärkten Forschungstätigkeit eines Unternehmensbereichs erhöhte Aufwendungen sowie gleichzeitig eine Erhöhung des originären Goodwills verbunden. Das Goodwill-Controlling bewertet in Abhängigkeit von der gewählten Handlungsalternative des Managements die Auswirkungen auf den zugeordneten Goodwill und trägt somit dazu bei, gezielt Risiken eines möglichen Impairments zu identifizieren und die Sensitivität des Goodwills zu ermitteln (vergleiche Deloitte 2005, S. 20).

Goodwill-Kennzahlen im Controlling

Bei hoher Bedeutung des Goodwills in der Konzernbilanz muss das Goodwill-Controlling im betrieblichen Berichtswesen Reportingelemente bereitstellen, die die aktuelle Situation des Goodwills über entsprechende Steuerungskennzahlen beleuchten. Sie unterstützen die Unternehmens- beziehungsweise Bereichsleitung dahingehend, dass die Wahrscheinlichkeit eines Impairments besser beurteilt und Abschreibungen auf den bilanzierten Goodwill durch frühzeitige Gegensteuerungsmaßnahmen – faktisch durch den Aufbau von originärem Goodwill oder die Realisierung von geplanten und ungeplanten Potenzialen aus dem Unternehmenserwerb – vermieden werden können. Gleichzeitig können diese Kennzahlen auch dazu genutzt werden, um einen Verzicht auf den Impairment-Test gemäß IAS 36.15 in Verbindung mit IAS 36.99 zu begründen.

Für Zwecke des Goodwill-Controllings können drei Gruppen von Kennzahlen unterschieden werden:

- Kennzahlen zur Ermittlung des Market Value Added (MVA) der ZGE,
- Kennzahlen zur Abbildung des Risikos einer außerplanmäßigen Wertminderung der ZGE sowie
- Frühwarnindikatoren für ein mögliches Goodwill-Impairment.

Die für die Bildung solcher Kennzahlen benötigten Eingangsgrößen werden grundsätzlich zur Durchführung des Impairment-Tests erhoben und können ohne zusätzlichen Ermittlungsaufwand für Controllingzwecke verwendet werden. Im Folgenden werden die Kennzahlengruppen im Rahmen eines Fallbeispiels vorgestellt und erläutert. Abbildung 21 fasst die Ausgangsdaten für die Ermittlung des Nutzungswerts einer fiktiven ZGE zusammen.

Folgende Annahmen werden getroffen:

- Der Buchwert der ZGE beträgt 1 000 Millionen Euro, der einen zugeordneten derivativen Goodwill in Höhe von 200 Millionen Euro enthält. Schulden werden der ZGE nicht zugeordnet.

	Detailplanung				**Fortschreibung**
Periode	0	1	2	3	Restwert
Free Cashflow		100,00	107,00	114,49	1 144,90
Diskontierungsfaktor		1,10	1,21	1,33	1,33
Diskontierte Free Cashflows		90,91	88,43	86,02	860,18
Nutzungswert der ZGE	1 125,54				
Buchwert der ZGE (BW)	1 000,00				(Angaben in Millionen Euro)
davon Buchwert des Goodwills (BW[GW])	200,00				Zinssatz 10 %

Abbildung 21: Fallbeispiel zur Ermittlung von Goodwill-Kennzahlen – Ausgangsdaten

- Die erwarteten Free Cashflows sowie das Planungsmodell entsprechen den spezifischen Anforderungen des IAS 36.
- Der Restwert der Fortschreibungsphase wird auf Basis einer ewigen Rente hinsichtlich des Cashflows der dritten Periode berechnet (Annahme eines konstanten Free Cashflows).
- Es wird ein risikoangepasster Diskontierungszinssatz von 10 % angenommen, der unabhängig von der Kapitalstruktur ermittelt wurde.
- Der über das Multiplikatorverfahren geschätzte Netto-Veräußerungswert liegt unter dem Nutzungswert und ist damit für die Ermittlung des erzielbaren Betrags irrelevant.

Während der derivative Goodwill einer ZGE explizit in der Rechnungslegung ausgewiesen wird, ist der originäre Goodwill zunächst unbekannt. Da im Zeitablauf – wie oben dargestellt – der Abbau von derivativem Goodwill durch Aufbau von originärem Goodwill in gleicher Höhe substituiert werden kann, wird der nicht bilanzierte Goodwill, der den originären Goodwill möglicherweise nicht vollständig umfasst, hier als residualer Goodwill bezeichnet.

Dieser kann auch als Market Value Added (MVA) interpretiert werden, das heißt als Prämie, die ein externer Erwerber zusätzlich zum ausgewiesenen Vermögen der ZGE zahlen würde. Die Höhe des nicht bilanzierten residualen Goodwills informiert zunächst über das interne Wachstum der ZGE und lässt gleichzeitig einen Rückschluss darüber zu, inwieweit eine Verschlechterung der wirtschaftlichen Situation in naher Zukunft ein Goodwill-Impairment wahrscheinlich macht.

Für die Ermittlung des residualen Goodwills einer ZGE muss auf den erzielbaren Betrag zurückgegriffen werden. Dies kann auf zwei Wegen geschehen:

Ist bereits ein Goodwill-Impairment-Test durchgeführt worden, verwendet man die dabei generierten Informationen, das heißt den in diesem Zusammenhang ermittelten erzielbaren Betrag. In dem oben angeführten Fallbeispiel sind dies 1 125,54 Millionen Euro. Liegt andererseits noch kein erzielbarer Betrag vor, weil zum Beispiel überprüft werden soll, ob ein Impairment-Test gemäß IAS 36 überhaupt durchgeführt werden muss, kann der erzielbare Be-

Der nicht bilanzierte Goodwill wird auch als residualer Goodwill (RGW) bezeichnet

trag als Barwert einer fiktiven ewigen Rente des nachhaltig erzielbaren beziehungsweise noch einfacher sogar des Free Cashflows der Betrachtungsperiode in Verbindung mit dem verwendeten Kapitalkostensatz approximiert werden. Dabei sind aus dem verwendeten Free Cashflow aperiodische beziehungsweise außerplanmäßige Sachverhalte zu eliminieren. In oben angeführtem Fallbeispiel läge der auf diese Weise approximierte erzielbare Betrag gerade bei 100 Millionen Euro/10 % = 1 000 Millionen Euro.

Der residuale Goodwill (RGW) lässt sich dann als Differenz zwischen dem erzielbaren Betrag (EB) und dem Buchwert der ZGE (BW) inklusive des bilanzierten Goodwills berechnen:

$$RGW = EB - BW$$
$$= 1\,125{,}54 \text{ Mio. €} - 1\,000 \text{ Mio. €}$$
$$= 125{,}54 \text{ Mio. €} \qquad (1)$$

Je höher der residuale Goodwill ist, umso eher werden Wertminderungen vermieden

Je höher der residuale Goodwill ausgeprägt ist, umso eher werden Wertminderungen des bilanzierten Goodwills der ZGE hierdurch abgefedert. Im Zeitverlauf auftretende Buchwertänderungen einer ZGE, unter anderem durch Investitionen, Desinvestitionen oder Abschreibungen, können jedoch zu einer Fehlbeurteilung des residualen Goodwills führen, sofern dieser isoliert betrachtet wird. Je höher nämlich das bilanzierte Vermögen in Relation zum residualen Goodwill, umso größer ist die Gefahr, dass durch Fehlentwicklungen beziehungsweise die Realisierung von Risiken ein Wertverlust der ZGE entsteht, der den residualen Goodwill übersteigt und damit zur außerplanmäßigen Abschreibung des bilanzierten Goodwills führt. Aus diesem Grund bietet es sich insbesondere aus Sicht der Unternehmensleitung an, den residualen Goodwill in Relation zum gesamten Buchwert der ZGE oder zum Buchwert des Goodwills zu beurteilen. Die damit verbundene Kennzahl »relativer residualer Goodwill ($rRGW_{BW}$)« wird im Rahmen unseres Fallbeispiels dabei ermittelt als

$$rRGW_{BW} = \frac{RGW \cdot 100}{BW}$$
$$= \frac{125{,}54 \text{ Mio. €} \cdot 100}{1\,000 \text{ Mio.}}$$
$$= 12{,}55\,\% \qquad (2)$$

Als Anteilswert gibt diese Kenngröße an, um wie viel Prozent der erzielbare Betrag den Buchwert der ZGE übersteigt. Die Unternehmensleitung kann mit dieser Kenngröße beispielsweise den vorhandenen residualen Goodwill von ZGE mit heterogenem Vermögensniveau vergleichen und die Gefahr von Goodwill-Impairments differenziert beurteilen.

Ebenso sinnvoll ist die Nutzung des relativen residualen Goodwills im Periodenvergleich. Sind jedoch ZGE mit stark unterschiedlichen Volumina an Goodwill aus Unternehmenserwerben im Hinblick auf das Impairment-Risiko zu vergleichen, bietet sich eher der relative residuale Goodwill mit Bezug zum Buchwert des Goodwills $rRGW_{BW[GW]}$ an. Diese Kennzahl drückt die Nachhaltigkeit des residualen Goodwills aus:

$$rRGW_{BW[GW]} = \frac{RGW \cdot 100}{BW[GW]}$$
$$= \frac{125{,}54 \text{ Mio. €} \cdot 100}{200 \text{ Mio.}}$$
$$= 62{,}77\,\% \qquad (3)$$

Da der residuale Goodwill in absoluter oder relativer Form nur ein indirektes Maß für das Risiko einer außerplanmäßigen Goodwill-Abschreibung darstellt, werden auch Kennzahlen benötigt, die die damit verbundene Unsicherheit möglichst prägnant und direkt abbilden. Im Rahmen der Break-Even-Analyse werden hier die Risikomaße Sicherheitskoeffizient und Operating Leverage verwendet (vergleiche Ewert/Wagenhofer 2005, S. 202 ff.), die analog auch für die Beurteilung des Impairment-Risikos einer ZGE eingesetzt werden können.

Der Goodwill-Sicherheitskoeffizient (GW-SK) beschreibt, wie viel Prozent der gesamte Goodwill, also die Summe aus dem Buchwert des bilanzierten Goodwills (BW[GW]) und dem residualen Goodwill (RGW), sinken darf, bevor ein Impairment erforderlich wird. Ermittelt wird die Kennzahl durch Abzug des Quotienten, der aus der Division des Buchwerts des Goodwills durch den Gesamt-Goodwill entsteht, von eins:

$$GW - SK = 1 - \frac{BW[GW]}{BW[GW] + RGW}$$
$$= 1 - \frac{200 \text{ Mio. €}}{200 \text{ Mio. €} + 125{,}54 \text{ Mio. €}}$$
$$= 62{,}77\,\% \qquad (4)$$

Ein hoher Goodwill-Sicherheitskoeffizient zeigt demzufolge ein relativ niedrigeres Risiko eines Impairments an. Im Beispiel dürfte der gesamte Goodwill demzufolge um 38,56 % sinken, bevor ein Impairment erforderlich würde. Je höher der Goodwill-Sicherheitskoeffizient, umso weniger muss dementsprechend eine explizite Steuerung der Goodwill-Positionen im Vordergrund stehen.

Weiterhin kann durch Bildung des reziproken Wertes des Goodwill-Sicherheitskoeffizienten (vergleiche zu einem formalen Beleg Ewert/Wagenhofer 2005, S. 203) der Goodwill-Operating-Leverage (GW-OL) bestimmt werden:

$$GW - OL = \frac{1}{GW - SK} = \frac{1}{0{,}3856}$$
$$= 2{,}59 \qquad (5)$$

Der Goodwill-Operating-Leverage weist im Gegensatz zum korrespondierenden Sicherheitskoeffizienten besonders anschaulich auf das Risiko – verstanden als negative Entwicklung – hin: Je höher die Ausprägung des Goodwill-Operating-Leverage, desto größer ist die Gefahr eines Impairments einzuschätzen. Zu beachten ist allerdings, dass beide Kennzahlen zwar einerseits auf die Interpretation der Wertentwicklung des Goodwills als Zufallsvariable abstellen. Andererseits werden die vollständigen Charakteristika der damit verbundenen Wahrscheinlichkeitsverteilung nicht erfasst. Dazu gehören zum Beispiel Symmetrie, Spannweite und Varianz der Dichtefunktion, ebenso wie die Berücksichtigung der Chancen einer Steigerung des residualen Goodwills.

Ergänzend zu den Kennzahlen, die direkt oder indirekt das Risiko eines Goodwill-Impairments abbilden, werden für die operative Steuerung von Goodwill-Positionen auch möglichst einfache und gleichzeitig aussagekräftige Frühwarnindikatoren benötigt, die vor einem zukünftigen Goodwill-Impairment warnen. Hierzu eignen sich Kennzahlen, die einen Mindest-Free-Cashflow (Mind-FCF) im Sinne eines kritischen Grenzwerts bereitstellen. Dieser informiert die Bereichs- beziehungs-

Für das Goodwill-Controlling werden auch Risikokennzahlen benötigt

Je höher der Goodwill-Operating-Leverage, desto höher ist die Gefahr eines Impairments

Auch aussagekräftige Frühwarnindikatoren spielen für die effektive Steuerung des Goodwills eine Rolle

weise Unternehmensleitung darüber, welcher Free Cashflow durch eine ZGE zukünftig mindestens zu erwirtschaften ist, ohne dass die ZGE wertgemindert wird.

Der Mind-FCF I leitet den freien Zahlungsstrom ab, der auf Grundlage des Konzepts der ewigen Rente in den folgenden Perioden jährlich zu erreichen ist, damit der erzielbare Betrag nicht unter den Buchwert der ZGE sinkt. Die Ermittlung dieser Kennzahl erfolgt durch eine Multiplikation des Buchwerts der ZGE mit dem für die ZGE relevanten Kapitalkostensatz i:

$$\begin{aligned} \text{Mind} - \text{FCF I} &= \text{BW} \cdot i \\ &= 1\,000 \text{ Mio. €} \cdot 10\,\% \\ &= 100 \text{ Mio. €} \end{aligned} \quad (6)$$

Dieser Mind-FCF I bedeutet Folgendes: Wenn die ZGE ab sofort einen Free Cashflow von 100 Millionen Euro (oder größer) pro Jahr erwirtschaftet, würde dies zu keinem Impairment führen, da der erzielbare Betrag der ZGE dann in jedem Fall mindestens so groß wie der Buchwert der ZGE ist. Unterschreiten die in der Kurz- beziehungsweise Mittelfristplanung ausgewiesenen Free Cashflows den Mind-FCF I an einer oder mehreren Stellen, ist die Möglichkeit eines Impairment kritisch zu prüfen. Liegen andererseits die Free Cashflows in allen Betrachtungsperioden über dem Mindest-Free-Cashflow I, kann – wenn auch die Bedingungen gemäß IAS 36.99 erfüllt sind – gemäß IAS 36.15 auf die Durchführung des Goodwill-Impairment-Tests verzichtet werden.

In einer differenzierteren Betrachtung besteht die Möglichkeit, das Augenmerk besonders deutlich auf den Fortschreibungszeitraum zu lenken, da der hier fiktiv als konstant angesetzte Free Cashflow in aller Regel den überwiegenden Teil des Nutzungswerts bestimmt. Gleichzeitig ist die Prognose im Fortschreibungszeitraum vergleichsweise schwierig. Um den Goodwill-Impairment-Test an dieser Stelle wirtschaftlich zu gestalten, kann der Free Cashflow des Fortschreibungszeitraums über den Mind-FCF II beurteilt werden.

Unter der Annahme, dass die Prognose der Free Cashflows in der Detailplanungsphase angemessen genau ist, weist der Mind-FCF II den im Fortschreibungszeitraum mindestens zu erwirtschaftenden freien Zahlungsstrom aus. Abgeleitet wird die Kennzahl aus dem Ziel-Endwert (ZEW). Dieser gibt den Endwert wieder, der unter Berücksichtigung der in der Detailplanungsphase mit dem Planungshorizont (T) geplanten Free Cashflows zu erreichen ist, so dass der erzielbare Betrag mit dem Buchwert der ZGE übereinstimmt:

$$\begin{aligned} \text{ZEW} &= \text{BW} - \sum_{t=1}^{T} \frac{\text{FCF}_t}{(1+i)^t} \\ &= 1\,000 \text{ Mio. €} - \sum_{t=1}^{3} \frac{\text{FCF}_t}{(1{,}1)^t} \\ &= 734{,}64 \text{ Mio. €} \end{aligned} \quad (7)$$

In dem vorliegenden Fallbeispiel muss also der Endwert der ZGE mindestens 734,64 Millionen Euro betragen, damit ein Goodwill-Impairment vermieden wird. Zur Berechnung des Mind-FCF II wird der Zielendwert dann mit dem Diskontierungsfaktor des Endwerts sowie unter Verwendung des Konzepts der ewigen Rente mit dem Kapitalkostensatz i multipliziert:

Eine differenzierte Beurteilung der Impairment-Gefahr wird durch Mindest-Free-Cashflow-Kennzahlen ermöglicht

		Detailplanung			Fortschreibung
Periode	0	1	2	3	Restwert
Free Cashflow		100,00	107,00	114,49	1 144,90
Diskontierungsfaktor		1,10	1,21	1,33	1,33
Diskontierte Free Cashflows		90,91	88,43	86,02	860,18
Nutzungswert der ZGE	1 125,54				
Buchwert (BW) der ZGE	1 000,00				
davon Buchwert des Goodwills (BW[GW])	200,00			(Angaben in Millionen Euro)	
RGW	125,54			Zinssatz 10 %	
rRGW$_{BW}$	12,55 %				
rRGW$_{BW[GW]}$	62,77 %				
GK-SK	38,56 %				
GW-OL	2,59				
Mind-FCF I	100,00				
ZEW	734,64				
Mind-FCF II	97,78				

Abbildung 22: Fallbeispiel zur Ermittlung von Goodwill-Kennzahlen – Ergebnisübersicht

$$\text{Mind} - \text{FCF II} = \text{ZEW} \cdot (1+i)^T \cdot i$$
$$= 734{,}64 \text{ Mio. €} \cdot 1{,}1^3 \cdot 0{,}1$$
$$= 97{,}78 \text{ Mio. €} \quad (8)$$

Der Mind-FCF II sagt aus, dass, wenn die in der Detailplanungsphase prognostizierten Free Cashflows erreicht werden, langfristig ebenfalls mindestens ein Free Cashflow von 97,78 Millionen Euro erwirtschaftet werden muss. Dies würde ein Goodwill-Impairment vermeiden, da der erzielbare Betrag der ZGE dann mindestens so groß wie dessen Buchwert wäre. Abbildung 22 stellt eine Zusammenfassung der Ergebnisse der einzelnen Kennzahlen dar.

Institutionelle Aspekte der Kooperation von Controllerbereich und Bilanzierung für Zwecke des Goodwill-Controllings

In dem Maße, in dem Goodwill-Positionen im Unternehmen aktiv gesteuert werden, sind nicht mehr nur Manager mit internen Steuerungsaufgaben die Adressaten der Controller, sondern auch alle Akteure in den Bereichen Bilanzierung, Investor Relations sowie gegebenenfalls externe Wirtschaftsprüfer und Aufsichts- oder Beiräte.

Viele Unternehmen gehen deshalb verstärkt dazu über, die betrieblichen Finanzfunktionen, hier insbesondere Bilanzierung und Controlling, unter einem Vorstandsressort zu bündeln (vergleiche beispielsweise Fleischer 2005, S. 193 f. oder Ernst/Vater 2006, S. 236 f.). Grundsätzlich gilt nicht nur bezogen auf

Die inhaltliche Verzahnung der Tätigkeiten von Controlling und Bilanzierung führt auch zu einer institutionellen Zusammenfassung dieser beiden Tätigkeitsbereiche

die Steuerung von Goodwill-Positionen, dass ein professionelles Informationsmanagement in Controlling und Bilanzierung, das auf einer gemeinsamen Datenbasis aufsetzt, wesentlich zur Effizienz und Effektivität der Finanzfunktionen beiträgt (vergleiche Haeger 2006, S. 258 ff.).

Zum einen ist die Bilanzierung gerade auch im Kontext der Goodwill-Bilanzierung sehr viel stärker als bisher gefordert, Fachkompetenzen zum Verständnis der operativen Entwicklung im Unternehmen aufzubauen und die betriebswirtschaftlichen Hintergründe der Entwicklung einzelner Goodwill-Positionen zu verstehen. Der Controllerbereich muss zum anderen dementsprechend für ein aussagekräftiges Goodwill-Controlling Fachkompetenzen bezogen auf IFRS 3 und IAS 36 aufbauen.

Um den Aufbau dieser wechselseitigen Fachkompetenzen sicherzustellen, ist insbesondere im Controllerbereich im Rahmen der Personalentwicklung auf einen stärkeren Austausch mit der Bilanzierung zu achten. In die typische Ausbildung von Controllern sollten verstärkt Kenntnisse aus der externen Rechnungslegung integriert werden, zum Beispiel durch Ausbildungsstationen in der Bilanzierung, vierteljährliche Berichtsdurchsprachen oder regelmäßigen Austausch über Sondersachverhalte.

Empirische Erkenntnisse zur Zusammenarbeit von Controllern und Bilanzierern

In Zusammenarbeit mit dem österreichischen Controller-Institut (ÖCI) wurde im Sommer 2006 bei österreichischen IFRS-Anwendern eine Studie zur Controllerarbeit unter IFRS durchgeführt (unter www.oeci.at als Download verfügbar). Zielsetzung dieser Untersuchung war es, neben dem State-of-the-Art der Controllerarbeit unter IFRS die Zusammenarbeit von Controllern, Managern und Bilanzierern zu untersuchen, um die Selbsteinschätzung der Controller durch eine Fremdeinschätzung zu ergänzen. Hierzu wurden alle 159 bekannten österreichischen IFRS-Anwender (Stand: Sommer 2006) mit einem standardisierten Fragebogen angeschrieben. In 51 Unternehmen nahm ein Vertreter des Controllings an der Befragung teil. In 28 Unternehmen konnte zusätzlich jeweils ein Vertreter des General Managements sowie der Bilanzierung befragt werden (triadisches Studiendesign). Die Ergebnisse lassen damit unmittelbar einen Rückschluss auf die Zusammenarbeit aller drei Gruppen zu.

Betrachtet man zunächst die Perspektive der Controller, so zeigt sich, dass dem Impairment-Test durchschnittlich nur eine mittlere Bedeutung beigemessen wird (siehe Abbildung 23). Allerdings weist die hohe Standardabweichung von 1,8 darauf hin, dass die Einschätzung bei den in der Hauptstichprobe vertretenen Unternehmen sehr stark variiert.

Weiterhin zeigt sich, dass der Rückgriff auf Controllingdaten bei der Durchführung von Impairment-Tests in den untersuchten Unternehmen bereits in vielen Fällen gängige Praxis ist (siehe Abbildung 24). So übernehmen 46,9 % der Unternehmen Planungsdaten aus dem Controlling unverändert; weitere 34,7 % nutzen die Daten als Grundlage und passen sie entsprechend den jewei-

Das Controlling misst dem Impairment-Test selbst eine mittlere Bedeutung bei

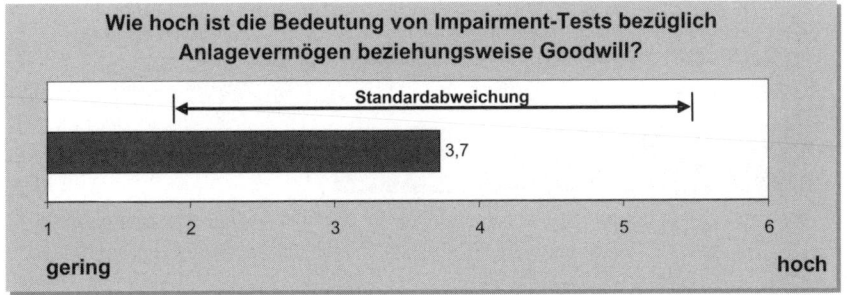

Abbildung 24: Rückgriff auf Controllingdaten für Impairment-Tests

ligen Anforderungen an. Auch auf Ist-Daten aus dem Controlling – etwa Indikatoren eines möglichen Wertminderungsbedarfs – wird zurückgegriffen, wenn auch insgesamt etwas seltener als bei den Planungsdaten.

Die Kompatibilität der Controllingdaten mit den Anforderungen des IAS 36 ist nicht selbstverständlich, da in diesem Standard sehr detaillierte Anforderungen an die Cashflows gestellt werden, die dem Impairment-Test zugrunde liegen (vergleiche IAS 36.33-57). Wie bereits erläutert wurde, muss daher sichergestellt werden, dass die Mittelfristplanung die Anforderungen des Impairment-Tests erfüllt, damit die Plan-Cashflows aus den internen Plangrößen abgeleitet werden können. Dies bedeutet vielfach nicht nur eine gesteigerte Granularität in der Planung, sondern auch die Einrichtung zusätzlicher Planungsebenen, um die Bewertungseinheiten, die nicht immer identisch sind mit Steuerungseinheiten, abzubilden.

Diese Anforderungen sind insbesondere in kleineren Unternehmen etwas leichter zu erfüllen als in großen, diversifizierten Konzernen mit komplexen Führungsstrukturen. Dennoch ist der hohe Anteil der IFRS-Anwender in Österreich, in denen das Controlling die erforderlichen Cashflows für den Impairment-Test bereitstellen kann, ein

Bilanzierer schätzen die Bedeutung des Impairment-Tests höher ein als Controller

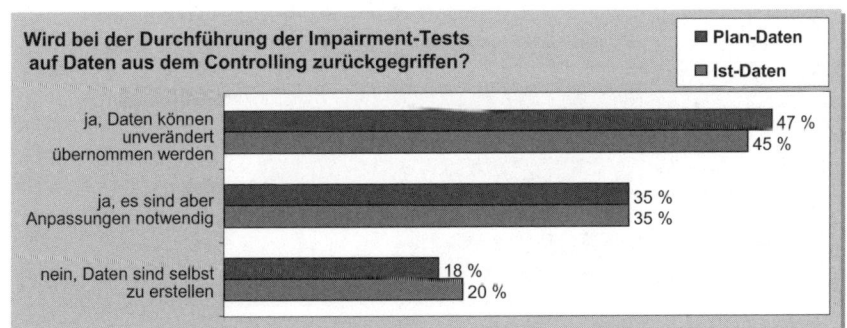

Abbildung 23: Bedeutung von Impairment-Tests aus Sicht der Controller

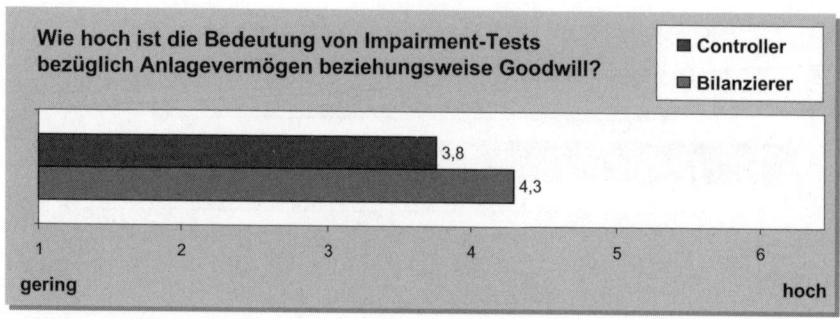

Abbildung 25: Bedeutung von Impairment-Tests (Controller versus Bilanzierer)

Zwischen Controllern und Bilanzierern besteht derzeit noch eine Kommunikations- und Methodenlücke

grundsätzliches erstes Indiz für Controller-Excellence unter IFRS.

Modifiziert wird diese Beurteilung allerdings, wenn man die Perspektive der Bilanzierer, die den Impairment-Test umsetzen müssen, mit einbezieht. Zunächst schätzen die Bilanzierer die Bedeutung von Impairment-Tests deutlich höher ein als die Controller (4,3 versus 3,8; vergleiche Abbildung 25).

Auch werden offensichtlich nicht in allen Fällen die Planungsdaten tatsächlich unverändert übernommen (siehe Abbildung 26).

Zwar ist der Wert mit 32,4 %, das heißt einem knappen Drittel, immer noch vergleichsweise hoch. Die Bilanzierer werden in mehr Fällen von den Controllern wahrgenommen, sind aber darauf angewiesen, die Daten aus dem Controlling zu modifizieren beziehungsweise sogar selbst zu generieren.

Dies deutet auf eine Kommunikations- beziehungsweise Methodenlücke in der Zusammenarbeit von Controllern und Bilanzierern hin, die insbesondere vor dem Hintergrund der hohen Komplexität des Impairment-Tests als solchen, aber auch der umfangreichen Auswirkung auf das Ergebnis durch einen verbesserten Austausch und Integration der Planungssysteme reduziert werden sollte.

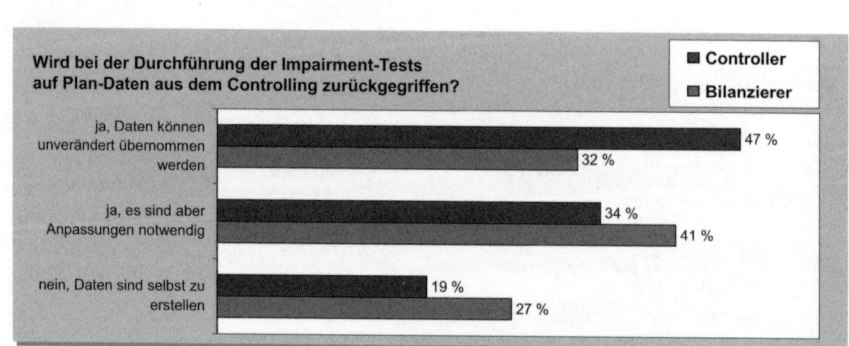

Abbildung 26: Rückgriff auf Plan-Daten für Impairment-Tests (Controller versus Bilanzierer)

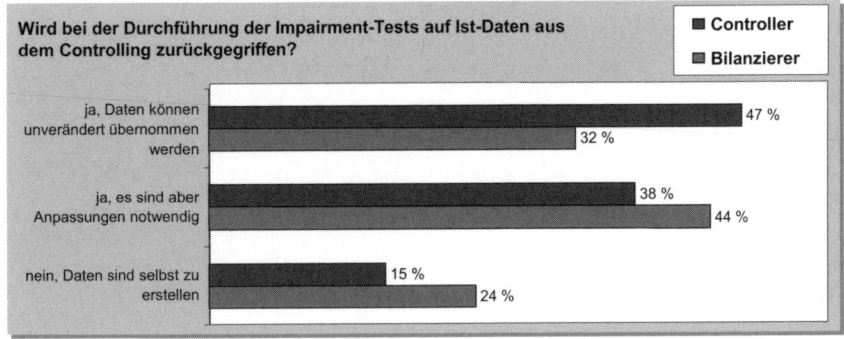

Abbildung 27: Rückgriff auf Ist-Daten für Impairment-Tests (Controller versus Bilanzierer)

Ein analoges Bild ergibt sich bei der Frage nach dem Rückgriff auf Ist-Daten zur Durchführung von Impairment-Tests, wie Abbildung 27 zeigt.

Interessanterweise spiegeln sich die sachlichen Divergenzen in der Datenübernahme aus dem Controlling nicht in der Beurteilung der Zufriedenheit der Bilanzierer mit den seitens des Controllings bereitgestellten Daten im Rahmen des Impairment-Tests wider. Wie aus Abbildung 28 ersichtlich wird, beurteilen sowohl Controller als auch Bilanzierer selbst die Zufriedenheit seitens der Bilanzierung mit den bereitgestellten Controllingdaten vergleichsweise positiv (4,8 beziehungsweise 4,7).

In Verbindung mit den oben angeführten Daten deutet dies darauf hin, dass die Bilanzierer eine vergleichsweise geringere Erwartungshaltung gegenüber dem Potenzial der Informationsleistungen der Controller haben. Hier besteht für den Controllerbereich ein bedeutsamer Effizienz- und Effektivitätshebel in der Zusammenarbeit mit anderen Finanzfunktionen (vergleiche hierzu auch Bartelheimer/Kückelhaus/Wohlthat 2004, S. 28).

Controller und Bilanzierer sind mit der Datenlieferung des Controllings für die Durchführung des Impairment-Tests zufrieden

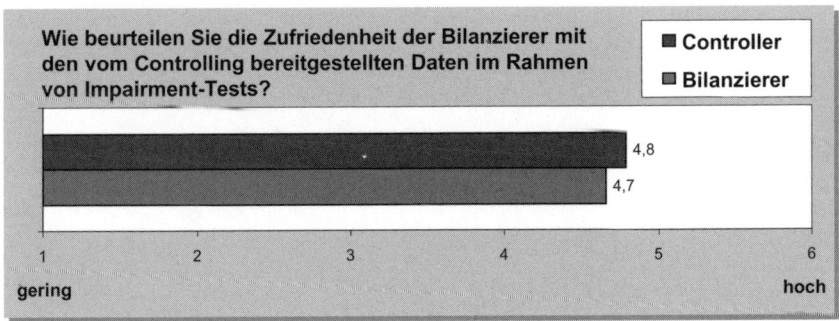

Abbildung 28: Zufriedenheit der Bilanzierer mit den Controlling-Daten für Impairment-Tests (Controller versus Bilanzierer)

6 Zusammenfassung und Ausblick

Spätestens seit Verabschiedung des BilReG ist die Bedeutung der IFRS für die deutsche Unternehmensberichterstattung offenkundig. Die Anwendung der internationalen Rechnungslegungsstandards ist dabei jedoch nicht ohne Rückgriff auf Informationen aus dem internen Rechnungswesen möglich. Somit bietet sich bei Umstellung der Rechnungslegung auf die IFRS gleichzeitig die Gelegenheit zur Integration des externen und internen Rechenkreises.

Ein besonders markantes Beispiel für eine erforderliche Zusammenarbeit von externer Berichterstattung und Controlling bildet die im Rahmen der Bilanzierung von Unternehmenserwerben durchzuführende Kaufpreisallokation. Da die Anwendung der IFRS insbesondere für die Konzernrechnungslegung in Betracht kommt, stellt dieses Bilanzierungsfeld folglich einen wichtigen Problembereich dar. Zur Ermittlung des derivativen Goodwills zum Zeitpunkt des Unternehmenserwerbs ist der für das erworbene Unternehmen gezahlte Kaufpreis auf sämtliche Vermögensgegenstände und Schulden dieses Unternehmens zu verteilen. Hierbei ist jeweils ein Ansatz mit dem Fair Value zum Erwerbszeitpunkt erforderlich. In diesem Zusammenhang ist auch eine Berücksichtigung bisher nicht bilanzierter selbst erstellter immaterieller Vermögenswerte des erworbenen Unternehmens nötig. Für die Identifikation und Bewertung dieser »neuen« immateriellen Werte muss dabei auf Informationen aus den internen Steuerungsinstrumenten zurückgegriffen werden.

In den auf den Unternehmenserwerb nachfolgenden Perioden ist ein erworbener Goodwill nicht, wie bislang möglich, abzuschreiben, sondern muss in einem jährlichen Impairment-Test auf Werthaltigkeit überprüft werden. Zu Zwecken dieses Impairment-Tests muss der Goodwill auf die kleinsten Zahlungsmittel generierenden Einheiten, die so genannten ZGEs, verteilt werden. Anschließend wird für jede dieser ZGE in einer Art Unternehmensbewertung der so genannte erzielbare Betrag ermittelt. Falls dieser erzielbare Betrag geringer als der bisherige Buchwert der ZGE inklusive Goodwill ist, muss eine Abschreibung vorgenommen werden.

In Abhängigkeit von den durch das Management verfolgten Zielen kann eine Abschreibung des Goodwills in den Folgeperioden erwünscht oder unerwünscht sein. An dieser Stelle setzt das Goodwill-Controlling an. Durch eine geschickte Aufteilung des Kaufpreises auf die vorhandenen Vermögenswerte und Schulden des erworbenen Unternehmens unter Berücksichtigung künftiger Entwicklungen kann hierbei eine Unterstützung der Managementziele erreicht werden. Dabei kann durch eine Verfolgung verschiedener Kennzahlen auch der Goodwill in den Folgeperioden überwacht werden.

Die Umstellung der Rechnungslegung auf IFRS führt mithin dazu, dass der traditionelle Aufgabenbereich des Controllings durch eine Vielzahl weiterer Tätigkeiten erweitert wird, die für eine standardkonforme Erstellung des Konzernabschlusses wie auch für die zielgerechte und proaktive Steuerung bedeutsamer Bilanzpositionen erforderlich sind. Als Autorenteam hoffen wir, dass wir Ihnen eine Vielzahl von Anregungen und Hilfestellungen geben konnten, mit denen Sie im Controlling die Herausforderungen »Kaufpreisallokation« und »Goodwill-Impairment« in der Zusammenarbeit mit der Bilanzierung erfolgreich umsetzen können.

7 Literaturverzeichnis

Arbeitskreis »Immaterielle Werte im Rechnungswesen« der Schmalenbach-Gesellschaft für Betriebswirtschaft e.V. (2001): »Kategorisierung und bilanzielle Erfassung immaterieller Werte«, in: *Der Betrieb*, 54. Jg., Heft 19, S. 989–995.

Arbeitskreis »Externe Unternehmensrechnung« der Schmalenbach-Gesellschaft für Betriebswirtschaft e.V. (2002): »Grundsätze für das Value Reporting«, in: *Der Betrieb*, 55. Jg., Heft 45, S. 2337–2340.

Arbeitskreis »Immaterielle Werte im Rechnungswesen« der Schmalenbach-Gesellschaft für Betriebswirtschaft e.V. (2003): »Freiwillige externe Berichterstattung über immaterielle Werte«, in: *Der Betrieb*, 56. Jg., Heft 23, S. 1233–1237.

ARCS (1999): *Wissensbilanz des Austrian Research Centers Seibersdorf*, Seibersdorf.

Bartelheimer, J./Kückelhaus, M./Wohlthat, A. (2004): »Auswirkungen des Impairment of Assets auf die interne Steuerung«, in: Weißenberger, B. E. (Hrsg.): *IFRS und Controlling*. Sonderheft 2/2004 der Zeitschrift für Controlling & Management, Wiesbaden, S. 22–31.

Beck, R./Vera, A. (2003): »Mergers & Acquisitions – Einsatzmöglichkeiten von Controllern im M&A-Bereich«, in: *Controller Magazin*, o. Jg., Heft 1, S. 35–40.

Biberacher, J. (2003): *Synergiemanagement und Synergiecontrolling*, München.

Bounfour, A. (2003): *The Management of Intangibles*, London.

Burger, A./Fröhlich, J./Ulbrich, R. J. (2006): »Kapitalmarktorientierung in Deutschland«, in: *Zeitschrift für kapitalmarktorientierte Rechnungslegung*, 6. Jg., Heft 2, S. 113–122.

Busse von Colbe, W. et al. (2006): *Konzernabschlüsse – Rechnungslegung nach betriebswirtschaftlichen Grundsätzen sowie nach Vorschriften des HGB und der IAS/IFRS*, 8. Auflage, Wiesbaden.

Coenenberg, A. G./Schultze, W./Biberacher J. (2002): »Akquisition und Unternehmensbewertung«, in: Busse von Colbe, W./Coenenberg, A. G./Kajüter, P./Linnhoff, U. (Hrsg.), *Betriebswirtschaft für Führungskräfte*, 2. Auflage, Stuttgart, S. 177–219.

Crasselt, N./Tomaszewski, C. (1999): »Unternehmerische Flexibilität bei strategischen Akquisitionen – Einsatzmöglichkeiten von Optionspreismodellen«, in: *Controlling*, 11. Jg., Heft 11, S. 517–524.

Daum, J. H. (2004): »Transparenzproblem Intangible Assets: Intellectual Capital Statements und der Neuentwurf eines Frameworks für Unternehmenssteuerung und externes Reporting«, in: Horváth, P./Möller, K. (Hrsg.), *Intangibles in der Unternehmenssteuerung*, S. 45–81.

Deloitte (2005): *Goodwill bilanzieren und steuern*, abrufbar unter http://www.iasplus.de/documents/goodwill.pdf (zuletzt abgerufen am 30.08.2007).

Edvinsson, L./Malone, M. (1997): *Intellectual Capital. Realising your company's true value by finding its hidden brainpower*, London.

Ernst, E./Vater, H. (2006): »Anforderungen an die Finanzorganisation multinationaler Unternehmen«, in: Wagenhofer, A. (Hrsg.), *Controlling und IFRS-Rechnungslegung*, Berlin, S. 225–242.

Esser, M. (2005): *Goodwillbilanzierung nach SFAS 141/142*, Frankfurt am Main.

Ewert, R./Wagenhofer, A. (2005): *Interne Unternehmensrechnung*, 6. Auflage, Berlin.

Fleischer, W. (2005): »Rolle des Controllings im Spannungsfeld internes und externes Reporting«, in: Horváth, P. (Hrsg.), *Organisationsstrukturen und Geschäftsprozesse wirkungsvoll steuern*, Stuttgart, S. 189–200.

Fülbier, R./Hirsch, B./Meyer, M. (2006): »Wirtschaftsprüfung und Controlling – Verstärkte Zusammenarbeit zwischen zwei zentralen Institutionen des Rechnungswesens«, in: *Zeitschrift für Controlling & Management*, 50. Jg., Heft 4, S. 234–241.

Freidank, C.-C./Steinmeyer, V. (2005): Fortentwicklung der Lageberichterstattung nach dem BilReG aus betriebswirtschaftlicher Sicht, in: *Betriebs-Berater*, 60. Jg., Heft 46, S. 2512–2517.

Fuchs, M. (1997): *Jahresabschlusspolitik und International Accounting Standards*, Wiesbaden.

Glaum, M./Vogel, S. (2004): »Bilanzierung von Unternehmenszusammenschlüssen nach IFRS 3«, in: *Zeitschrift für Controlling & Management*, Sonderheft 2/2004, S. 43–53.

Glaum, M./Street, D. L./Vogel, S. (2007): *Making Acquisitions Transparent – An Evaluation of M&A-Related IFRS Disclosures by European Companies in 2005*, Frankfurt am Main.

Hachmeister, D. (2006): »Auswirkungen der Goodwill-Bilanzierung auf das Controlling«, in: *Controlling*, 18. Jg., Heft 8–9, S. 425–432.

Haeger, B. (2006): »Harmonisierung von Rechnungswesen und Controlling bei E.ON«, in: Wagenhofer, A. (Hrsg.), *Controlling und IFRS-Rechnungslegung*, Berlin, S. 243–266.

Heumann, R. (2005): *Value Reporting in IFRS-Abschlüssen und Lageberichten*, Düsseldorf.

Hitz, J.-M./Kuhner, C. (2002): »Die Neuregelung zur Bilanzierung des derivativen Goodwill nach SFAS 141 und 142 auf dem Prüfstand«, in: *Die Wirtschaftsprüfung*, 55. Jg., Heft 6, S. 273–287.

Hommel, M./Buhleier, C./Pauly, D. (2007): »Bewertung von Marken in der Rechnungslegung – eine kritische Analyse des IDW ES 5«, in: *Betriebs-Berater*, 62. Jg., Heft 7, S. 371–377.

IVSC (2007): *Discussion Paper on the Determination of Fair Value of Intangible Assets for IFRS Reporting Purposes*, London.

Von Keitz, I. (1997): *Immaterielle Güter in der internationalen Rechnungslegung*, Düsseldorf.

Von Keitz, I./Reinke, R./Stibi, B. (2006): *Rechnungslegung nach IFRS – auch ein Thema für den Mittelstand?*, Düsseldorf/Münster.

Kirsch, H. (2004): »Berichterstattung nach IAS 1 (revised 2003) über Ermessungsspielräume beim Asset Impairment für operative Vermögenswerte und zahlungsmittelgenerierende Einheiten: Verbesserung der Informationsqualität des IFRS-Jahresabschlusses?«, in: *Zeitschrift für Kapitalmarktorientierte Rechnungslegung*, 4. Jg., Heft 3, S. 136-141.

Kloyer, M. (2004): »Methoden der Patentbewertung«, in: Horváth, P./Möller, K. (Hrsg.), *Intangibles in der Unternehmenssteuerung*, S. 421–431.

Kohl, T./Schilling, D. (2007): »Die Bewertung immaterieller Vermögenswerte gemäß IDW ES 5«, in: *Steuern und Bilanzen*, 9. Jg., Heft 14, S. 541–549.

Kümpel, T./Susnja, M. (2005): »Goodwill-Bilanzierung nach IFRS 3 und Vereinheitlichung von internem und externem Rechnungswesen«, in: *CM Controller Magazin*, 30. Jg., Heft 1, S. 73–79.

Küting, K. (2005): »Der Geschäfts- oder Firmenwert als Schlüsselgröße der Analyse von Bilanzen deutscher Konzerne«, in: *Der Betrieb*, 58. Jg., Heft 51/52, S. 2575–2765.

Küting, K. (2007): »Der Geschäfts- oder Firmenwert in der deutschen Konsolidierung«, in: *Deutsches Steuerrecht*, 45. Jg., Heft 45, S. 2025–2031.

Leitner, K.-H. (2005): »Managing and reporting intangible assets in research technology organisations«, in: *R&D Management*, 35. Jg., Heft 2, S. 125–136.

Lüdenbach, N./Hoffmann, W.-D. (2004): »Strukturelle Probleme bei der Implementierung des Goodwill-Impairment-Tests – Der Ansatz von IAS 36 im Vergleich zu US-GAAP«, in: *Die Wirtschaftsprüfung*, 57. Jg., Heft 19, S. 1068–1077.

Marr, B./Schiuma, G./Neely, A. (2004): »The dynamics of value creation: mapping your intellectual performance drivers«, in: *Journal of Intellectual Capital*, 5. Jg., Heft 2, S. 312–325.

Marten, K.-U./Quick, R./Ruhnke, K. (2003): *Wirtschaftsprüfung*, 2. Auflage, Stuttgart.

Moser, U./Goddar, H. (2007): »Grundlagen der Bewertung immaterieller Vermögenswerte am Beispiel patentgeschützter Technologien«, in: *FinanzBetrieb*, 9. Jg., Heft 10, S. 594–609.

Pellens, B./Basche, K./Sellhorn, T. (2003): »Full Goodwill Method, Renaissance der reinen Einheitstheorie in der Konzernbilanzierung?«, in: *Zeitschrift für Kapitalmarktorientierte Rechnungslegung*, 3. Jg., Heft 1, S. 1–4.

Pellens, B./Crasselt, N./Schremper, R. (2002): »Berücksichtigung von Geschäftsbereichs-Goodwills bei der wertorientierten Unternehmensführung«, in: Böhler, H. (Hrsg.), *Marketing-Management und Unternehmensführung*, Stuttgart, S. 121–135.

Pellens, B./Crasselt, N./Sellhorn, T. (2007): »Solvenztest zur Ausschüttungsbemessung – Berücksichtigung unsicherer Zukunftserwartungen«, in: *Zeitschrift für betriebswirtschaftliche Forschung*, 59. Jg., Heft 3, S. 264–283.

Pellens, B./Epstein, R./Barth, D./Ruhwedel, P./Sellhorn, T. (2005): »Goodwill Impairment Test – ein empirischer Vergleich der IFRS- und US-GAAP-Bilanzierer im deutschen Prime Standard«, in: *Betriebs-Berater-Spezial* 10/2005, 60. Jg., Heft 39, S. 10–18.

Pellens, B./Fülbier R. U./Gassen J. (2006): *Internationale Rechnungslegung*, 6. Auflage, Stuttgart.

Pellens, B./Sellhorn, T. (2001): »Goodwill-Bilanzierung nach SFAS 141 und 142 für deutsche Unternehmen«, in: *Der Betrieb*, 54. Jg., Heft 32, S. 1681–1689.

Pellens, B./Sellhorn, T. (2003): »Minderheitenproblematik beim Goodwill Impairment Test nach geplanten IFRS und geltenden US-GAAP«, in: *Der Betrieb*, 56. Jg., Heft 8, S. 401–408.

PWC/Mackenstedt, A. (2007): *Kaufpreisallokation: Mehr als nur Accounting*, abrufbar unter: http://www.pwc.de/portal/pub/!ut/p/kcxml/04_Sj9SPykssy0xPLMnMz0v-M0Y_QjzKLd4p3tnABSZnFG8Qbe-XvrR0IYATAxR4RIkL63vq9Hfm6qfoB-QW5oRLmjoyIAwABvvg!!?siteArea=e5d-def4775814f4&content=e5d-def4775814f4&topNavNode=49-c41154006acc04 (zuletzt abgerufen am 29.08.2007).

Riegler, C. (2006): »Controlling immaterieller Werte«, in: Wagenhofer, A. (Hrsg.), *Controlling und IFRS-Rechnungslegung*, Berlin, S. 81–103.

Schibler, C./Nardecchia, S. (2007): *Impairment of Assets: Challenges and Pitfalls*, 6. IFRS-Kongress/Ernst & Young, Berlin.

Schmusch, M./Laas, T. (2006): »Werthaltigkeitsprüfungen nach IAS 36 in der Interpretation von IDW RS HFA 16«, in: *Die Wirtschaftsprüfung*, 59. Jg., Heft 16, S. 1048–1060.

Sellhorn, T. (2000): »Ansätze zur bilanziellen Behandlung des Goodwill im Rahmen einer kapitalmarktorientierten Rechnungslegung«, in: *Der Betrieb*, 53. Jg., Heft 18, S. 885–892.

Senger, T./Brune, J. W./Elprana, K. (2006): »§ 33 Vollkonsolidierung«, in: Bohl, W./Riese, J./Schlüter, J. (Hrsg.), *Beck'sches IFRS-Handbuch*, 2. Auflage, München 2006, S. 859–942.

Stoi, R. (2004): »Management und Controlling von Intangibles auf Basis der immateriellen Werttreiber des Unternehmens«, in: Horváth, P./Möller, K. (Hrsg.), *Intangibles in der Unternehmenssteuerung*, München, S. 187–201.

Sveiby, K. E. (1997): *The New Organizational Wealth – Managing & Measuring Knowledge-Based Assets*, San Francisco.

Trützschler, K./David, U./Strauch, J./Tomaszewski, C. (2005): »Unternehmensbewertung und Rechnungslegung von Akquisitionen: Die Vorschriften nach IFRS und HGB versus betriebswirtschaftliche Rationalität«, in: *Zeitschrift für Planung und Unternehmenssteuerung*, 16. Jg., S. 383–406.

Vater, H. (2007): »IFRS auch für US-Bilanzierer: Historische Chance oder trojanisches Pferd der SEC?«, in: *Zeitschrift für Kapitalmarktorientierte Rechnungslegung*, 7. Jg., Heft 7–8, S. 427–429.

Wagenhofer, A. (Hrsg.): *Controlling und IFRS-Rechnungslegung – Konzepte, Schnittstellen, Umsetzung*, Berlin 2006.

Weber, Jürgen/Hirsch, Bernhard/Rambusch, René/Schlüter, Hendrik/Sill, Frauke/Spatz, Almuth C. (2006): *Controlling 2006 – Stand und Perspektiven*, Vallendar.

Weber, J./Kaufmann, L./Schneider, Y. (2006): *Controlling von Intangibles: Nicht-monetäre Unternehmenswerte aktiv steuern*, Schriftenreihe Advanced Controlling, Band 48, Weinheim.

Weber, J./Schäffer, U. (2006): *Einführung in das Controlling*, 11. Auflage, Stuttgart.

Weber, J./Weißenberger, B. E. (2006): *Einführung in das Rechnungswesen*, 7. Auflage, Stuttgart.

Weißenberger, B. E. (2007a): *IFRS für Controller. Einführung, Anwendung, Fallbeispiele*, Freiburg i. Br.

Weißenberger, B. E. (2007b): »Zum grundsätzlichen Verhältnis von Controlling und externer Finanzberichterstattung unter IFRS«, in: *Der Konzern*, 5. Jg., Heft 5, S. 321–331.

Weißenberger, B. E./Haas, C.A.J./Wolf, S. (2007): »Goodwill-Controlling unter IAS 36«, in: *Praxis der internationalen Rechnungslegung*, 3. Jg., Heft 6, S. 149–156.

Weißenberger, B. E./International Group of Controlling (ICE) (2006): »Controller und IFRS: Konsequenzen einer IFRS-Finanzberichterstattung für die Aufgabenfelder von Controllern«, in: *Betriebswirtschaftliche Forschung und Praxis*, 58. Jg., Heft 4, S. 342–364.

Weißenberger, B. E./Maier, M. (2006): »Der Management Approach in der IFRS-Rechnungslegung: Fundierung der Finanzberichterstattung durch Informationen aus dem Controlling«. In: *Der Betrieb*, 59. Jg., S. 2077–2083.

Wirth, J. (2005): *Firmenwertbilanzierung nach IFRS*, Stuttgart.

8 Stichwortverzeichnis

a
ABC-Analyse 61
Akquisition 65
asset deal 30

b
Balanced Scorecard 60, 68
Basel II 14
Beteiligungscontrolling 65
Beyond Budgeting 62
Budgetierung 69

c
cash generating units 19
Compliance 10, 23
Controllerbereich 11
Controlling 59
Customer Capital 52
Customer Lifetime Value Management 62

d
Discounted Cashflow 54
Dividendenausschüttung 17
Due Diligence 65
Dynamic Performance Management 62

e
Einheit
– rechtliche 32
– wirtschaftliche 32
Einheitstheorie 39
Einzelabschluss 14
Einzelerwerbsfiktion 32–34, 53
erzielbarer Betrag 45, 73
EU-Verordnung 12
Eventualschulden 36

f
Fair Value 18, 34, 55, 62
Free Cashflow 74
Frühwarnindikatoren 75
Funktionalcontrolling 65
Fusion 30

g
Geschäfts- oder Firmenwert 37
Goodwill 37
– Bestandteile 37
– Folgebehandlung 43
– originärer 37, 43, 63, 66
– residualer 73
Goodwill-Abschreibung, planmäßige 43
Goodwill-Controlling 65, 68
Goodwill-Impairment 65–66, 75
Goodwill-Operating-Leverage 75
Goodwill-Sicherheitskoeffizient 75

h
Human Capital 52

i
Impairment-only-approach 19, 43
Impairment-Risiko 65
Impairment-Test 18–19, 44, 57, 66, 71
Informationsfunktion 17
Innovation Capital 52
Intangible Asset-Monitor 61
Intellectual Capital Statement 58, 62
Interessentheorie 39
Investor Capital 53

j
Jahresabschlusspolitik 57
Joint-Convergence-Project 15

k

Kapitalkonsolidierung 33, 39, 43
Kapitalkonsolidierung, Methoden
– Buchwertmethode 41
– Equity-Methode 42
– Erwerbsmethode 30, 41
– Fresh-Start-Methode 41
– Full-Goodwill-Methode 39
– Interessenzusammenführungs-
  methode 41
– Neubewertungsmethode 41
– Pooling-of-interest-Methode 41
Kapitalkostensatz 70
Kapitalwertmethode 61
kapitalwertorientiertes Verfahren 55
Kaufpreisallokation 29, 34, 38, 49
Know-how-Management 62
Knowledge Asset Map 60
knowledge-based assets 51
Konsolidierung 32
Konzernabschluss 12, 19, 32
kostenorientierte Bewertung 55
Kundenlisten 53, 63
Kundenpyramide 61

l

Lagebericht 20, 58–59, 68
Leistungsindikatoren 58
Location Capital 53

m

M&A-Accounting 29
M&A-Controlling 65
Maßgeblichkeit 15, 17
management approach 10, 20, 22–23, 44, 58
Marken 53, 63
Markenbewertung 56
Market Value Added 73
Marktpreisorientiertes Verfahren 54
Minderheiten-Goodwill 46
Minderheitsgesellschafter 39
Mindest-Free-Cashflow 75

n

Niederstwerttest 43
– bei Minderheiten 46
Nutzungswert 45

p

Patentbewertung 56
Patente 54

percentage-of-completion-method 20
Plan-Cashflow 68
Process Capital 53
purchase price allocation 34

r

Rechnungswesen
– Konvergenz des 10, 18, 23, 62, 71
– Trennung des 17
resource-based view 60

s

share deal 30
Skandia-Navigator 60
Solvency Tests 15
Steuerungskennzahlen 72
stille Reserven 17, 39, 63
Supplier Capital 52

t

Tax Shield 70

u

Unternehmensakquisition 19, 62
Unternehmenserwerb 31, 53
Unternehmenszusammenschluss 29
Unterschiedsbetrag
– negativer 38–39
– positiver 37, 39

v

Value Reporting 58
Verlagsrechte 53
Vermögenswerte
– immaterielle 36, 49
– selbsterstellte immaterielle 49

w

Wertaufholung 47
Werthaltigkeit 67
Wertminderung 43
Wertsteigerung 67
Werttreiber 58
Wiederbeschaffungskostenmethode 55
Wissensbilanz 62
Wissensressourcen 60

z

Zahlungsbemessung 17
zahlungsmittelgenerierende Einheit 44
Zeitwert 33
– beizulegender 34, 37, 45

In eigener Sache

Ein zentrales Ziel des Lehrstuhls besteht darin, neueste theoretische Erkenntnisse in die Praxis zu tragen. Dies erfolgt in Vorträgen, Workshops, Arbeitskreisen und im CCM (Center for Controlling & Management), in dem namhafte Großunternehmen mit wissenschaftlichen Mitarbeitern und Studenten eng zusammenarbeiten. Über die Ergebnisse dieser Arbeit wird regelmäßig in der Schriftenreihe *Advanced Controlling* berichtet.

Seit 1992 arbeitet der Lehrstuhl eng mit CTcon, einem Spin-off der WHU, zusammen. CTcon ist ein auf Unternehmenssteuerung und Controlling spezialisiertes Beratungs- und Trainingsunternehmen. Seit Jahren setzen führende Konzerne und bedeutende öffentliche Organisationen erfolgreich auf die kompetente Unterstützung von CTcon. Dabei werden die theoretischen Erkenntnisse des Lehrstuhls konsequent in innovative Lösungen für die Unternehmenspraxis umgesetzt. Eine gemeinsame praxisbezogene Forschung und ein ständiger fachlicher Gedankenaustausch sind ebenso selbstverständlich wie die Zusammenarbeit in der Hochschulausbildung sowie in maßgeschneiderten Inhouse-Seminaren.

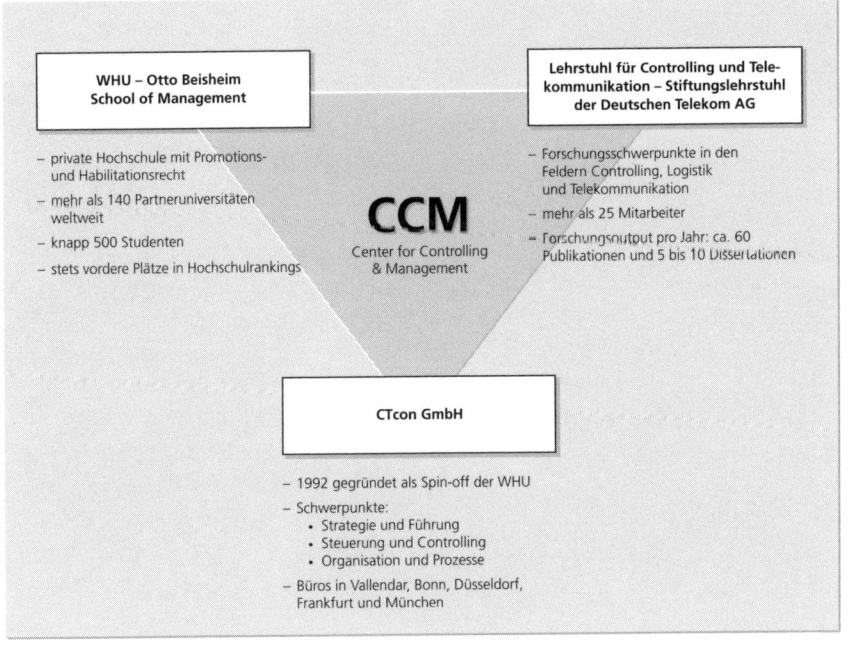

Ein Blick hinter die Controlling-Kulissen

JÜRGEN WEBER
Von Top-Controllern lernen
Controlling in den DAX 30-Unternehmen

2008. Ca. 312 Seiten, ca. 60
Abbildungen. Gebunden.
ISBN: 978-3-527-50337-7
Subskriptionspreis ca. € 49,90/sFr 80,-
gültig bis 29. Februar 2008
danach ca. € 59,-/sFr 94,-

**Best Practice im
deutschen Controlling**

Professor Jürgen Weber verdeutlicht, was in deutschen Großunternehmen zz. tatsächlich unter Controlling verstanden wird, welche Stellung das Controlling im Unternehmen besitzt, welche Aufgabenschwerpunkte bestehen und welche Entwicklung es zukünftig nehmen wird. Der Blick wird außerdem auf die Person des Controllers gelegt: Welche Fähigkeiten sollte er besitzen, was zeichnet ihn aus und welchen Weg sollte er in seiner Karriere nehmen?
Das Buch fundiert auf einer breiten empirischen Basis. Es wurden Tiefeninterviews mit Chef-Controllern von DAX 30-Unternehmen durchgeführt. Außerdem wurden die zahlreichen vom Lehrstuhl durchgeführten Studien ausgewertet und integriert

Wiley-VCH
Postfach 10 11 61 • D-69451 Weinheim
Fax: +49 (0)6201 606 184
e-Mail: service@wiley-vch.de • www.wiley-vch.de

Durchführung und Konsequenz der Umstellung auf IFRS

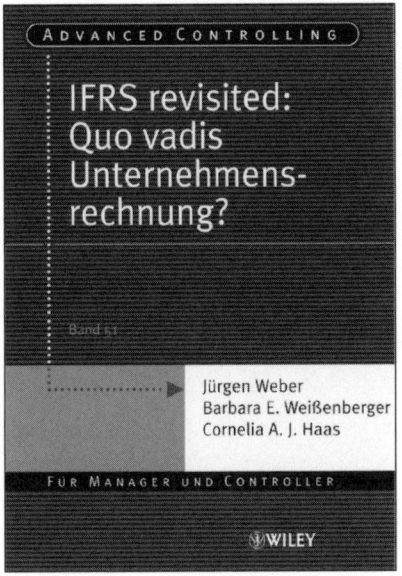

JÜRGEN WEBER, BARBARA E. WEIßENBERGER und CORNELIA A. J. HAAS
IFRS revisited: Quo vadis Unternehmensrechnung?

*2006. 80 Seiten, 19 Abbildungen. Broschur.
ISBN: 978-3-527-50226-4
€ 24,90*

Als Fortsetzungsbezieher sparen Sie 20% pro Band!

Sie erhalten außerdem den kostenlosen Online-Zugang auf die Inhalte der Bände über ihre Kundennummer!

Fortsetzungspreis: € 19,90 pro Band

(Einzelband-Preis € 24,90)

(Mindestlaufzeit: 1 Jahr.
Die Fortsetzung ist jederzeit kündbar)

Weitere Informationen erhalten Sie unter
www.advanced-controlling.de

Die Rechnungslegung nach IFRS ist eines der herausfordensten Themen für Controller und Manager. Immer mehr Unternehmen stehen dabei vor der Frage, wie der Umstellungsprozess zu gestalten ist und welche Auswirkungen sich auf die verschiedenen Bereiche der externen und internen Unternehmensrechnung ergeben. Der vorliegende Band führt in den aktuellen Stand der IFRS- Rechnungslegung ein und gibt klare Gestaltungshinweise zu Durchführung und Konsequenzen einer Umstellung auf IFRS.

Wiley-VCH Verlag GmbH & Co KGaA
Postfach 10 11 61 • D-69451 Weinheim
Fax: +49 (0)6201 606 184
e-Mail: service@wiley-vch.de • www.wiley-vch.de